AF261881

FEMMES SAVANTES

ET

FEMMES STUDIEUSES

PARIS. — IMP. SIMON RAÇON ET COMP., RUE D'ERFURTH, 1.

FEMMES SAVANTES

ET

FEMMES STUDIEUSES

PAR

MGR L'ÉVÊQUE D'ORLÉANS

DE L'ACADÉMIE FRANÇAISE

TROISIÈME ÉDITION

PARIS

CHARLES DOUNIOL, LIBRAIRE-ÉDITEUR

29, RUE DE TOURNON, 29

1867

FEMMES SAVANTES

FEMMES STUDIEUSES

Mon cher ami,

Il y a peu de mois, dans un volume de lettres adressées aux hommes du monde sur les études qui conviennent à leurs loisirs, j'ai publié quelques pages, dans lesquelles j'offrais aussi aux femmes chrétiennes qui vivent dans le monde, sur le travail intellectuel qui leur convient, quelques conseils que je tâchais de proportionner et d'adapter plus spécialement aux devoirs de leur existence.

Dans ces pages j'essayais de démontrer combien il est nécessaire qu'une femme se donne des habitudes de vie sérieuse : d'autant plus que l'éducation moderne ne les donne guère ; et j'ajoutais que ces habitudes peuvent très-facilement trouver place dans la vie des femmes du monde [1].

Enfin j'indiquais les belles et graves études, les lectures solides et intéressantes, soit littéraires, soit historiques, soit artistiques, soit même philosophiques , et surtout religieuses , auxquelles elles peuvent s'adonner.

[1] Ce volume, intitulé *Lettres aux hommes du monde sur les études qui leur conviennent*, et *Conseils aux femmes chrétiennes*, se vend SÉPARÉMENT des autres volumes de l'ouvrage sur *l'Éducation*, chez Douniol, éditeur, rue de Tournon, 29.

J'entrais aussi dans quelques détails tout à fait pratiques sur la méthode et les conditions des bonnes études, des lectures utiles, des compositions sérieuses.

Sur ce que j'ai publié là, j'ai reçu bien des observations diverses : à côté des approbations les plus favorables, j'ai rencontré des contradictions très-vives.

Je ne m'en suis pas étonné : dans un temps comme le nôtre, il n'était guère possible que de tels conseils fussent offerts impunément. Dans le pays de Molière, demander aux femmes d'étudier, de s'instruire, de cultiver les lettres et les arts, et même parfois d'écrire, ne pouvait passer sans objection.

Permettez-moi de recourir au *Correspondant* pour répondre d'un coup à mes divers contradicteurs. Les plus considérables et les plus sérieux s'appuyaient, non sur Molière, mais, ce qui m'a étonné, sur M. de Maistre. Les autres n'objectaient que des frivolités. C'est donc M. de Maistre et tout ce qu'on a cité de lui ou objecté en son nom que j'examinerai d'abord.

I

OPINION DE M. DE MAISTRE.

Quelques-unes des lettres de M. de Maistre à ses filles sont un vrai traité sur l'humble destinée des femmes ici-bas, et sur les lois somptuaires qui doivent présider à leur éducation et à leur savoir.

« Le grand défaut d'une femme, écrit-il, c'est d'être un homme, « et c'est vouloir être homme que vouloir être savant... Permis à « une femme de ne pas ignorer que Pékin n'est pas en Europe, et « qu'Alexandre le Grand ne demanda pas en mariage une nièce de « Louis XIV. »

M. de Maistre lui permet aussi, en fait de science, d'écouter et de « comprendre ce que font les hommes. » Ceci est même ce qu'elles peuvent accomplir de plus parfait : c'est « leur chef-d'œuvre. »

Il leur permet encore d'aimer et d'admirer le beau ; mais ce qui ne leur est pas permis, c'est de chercher elles-mêmes à l'exprimer. Quand l'aînée de ses filles, mademoiselle Adèle de Maistre, déclare son goût pour la peinture, et quand la plus jeune, mademoiselle Constance, confie à son père l'ardeur qui l'anime pour les études littéraires, M. de Maistre effrayé, s'abritant sous la triple autorité de Salomon, de Fénelon et de Molière, déclare : « Que « les femmes ne doivent pas s'adonner à des connaissances qui « contrarient leurs devoirs; que le mérite de la femme est de « rendre son mari heureux, d'élever ses enfants et de faire des hom- « mes... Que, dès qu'elle veut *émuler l'homme, elle n'est plus qu'un* « *singe;* que les femmes n'ont fait aucun chef-d'œuvre dans aucun « genre... Qu'une jeune fille est une folle, si elle veut peindre « à l'huile, et qu'elle doit s'en tenir au simple dessin...; que, du « reste, la science est ce qu'il y a de plus dangereux pour les fem- « mes, que nulle femme ne doit s'occuper de science sous peine d'être « ridicule et malheureuse; et que, par suite, une *coquette est bien* « *plus facile à marier qu'une savante.* » En vertu de ce dernier argument qui résume tous les autres, M. de Maistre les renvoie définitivement toutes « *au taconnage,* » tolérant néanmoins qu'elles consacrent quelques heures aux études à titre de distraction.

Mais qu'elles se gardent bien de vouloir élever leur esprit et d'être « entrepreneuses de grandes choses. » On les appellerait : « *Donne* *barbute.* »

Du reste, « ce n'est pas la médiocrité de leur éducation qui fait leur faiblesse, » c'est leur faiblesse qui fait nécessairement la médiocrité « de leur éducation. » En un mot, elles sont radicalement incapables, en fait d'instruction, de rien qui soit grand et sérieux.

Ce serait peut-être prétention que de contester de telles assertions, si fermes et si tranchées. Je ne le ferai pas. Je me permettrai seulement de chercher (et c'est ce qui importe le plus ici), si ces principes nous conduisent logiquement et impérieusement à la conclusion de M. de Maistre; si une femme « qui veut rendre son mari « heureux, bien élever ses enfants et ne pas se transformer en singe « pour tenter *d'émuler* l'homme, » doit par cela même renoncer, je ne dis pas seulement à exercer toute faculté créatrice dans les

arts et dans les lettres, mais à s'instruire sérieusement ; et s'adonner
au taconnage, sans autre consolation que « de savoir si Pékin n'est pas
« en Europe, et si Alexandre ne demanda pas en mariage une nièce
« de Louis XIV. »

II

LA QUESTION BIEN POSÉE.

Quand on entame un sujet, il faut le préciser.

Avant tout, mettons de côté ce nom de femme savante, dont on
a fait depuis Molière un si étrange usage. En France, on décide trop
souvent, à tort et à travers, les plus grandes choses avec des mots
plaisants : les plus absurdes préjugés se nourissent et se perpétuent
pendant des siècles avec de sottes railleries.

Tout d'abord, n'est-il pas évident qu'il y a ici un juste discerne-
ment à faire, et qu'il faut bien se garder de confondre et d'envelopper
dans un même anathème les femmes studieuses avec les femmes savantes ; les femmes instruites avec les femmes ridicules ; les femmes
sensées, réfléchies, appliquées, sérieuses, avec les pédantes ?

N'est-il pas évident que Molière, dans ses *Femmes savantes*, n'a pas
attaqué l'instruction, l'étude, mais le pédantisme, comme, dans son
Tartuffe, il avait attaqué, non la vraie dévotion, mais l'hypocrisie ?

N'est-ce pas Molière lui-même qui a écrit ce beau vers :

Et je veux qu'une femme ait des clartés DE TOUT.

Cela dit, je vais au fond.

Toute la théorie de M. de Maistre se réduit à ceci : il faut que les
femmes restent dans leur domaine et ne s'emparent pas de celui des
hommes. Eh ! sans doute : il s'agit seulement de savoir quel est ce
domaine de l'homme. L'homme est-il par droit divin l'unique pro-

priétaire du domaine de l'intelligence? Dieu lui a réservé la force
physique, et je reconnais avec M. de Maistre que, malgré Judith et
Jeanne d'Arc, les femmes ne doivent nullement prétendre à porter le
glaive ni à être générales d'armée. Mais l'intelligence leur est-elle exac-
tement mesurée dans les mêmes proportions que la force physique
et avec les mêmes exclusions? Je ne l'ai jamais pensé : la plume me
parait aussi bien placée dans la main de sainte Thérèse que dans celle
de M. de Maistre ; et si je cite ce nom, — j'en citerai tout à l'heure
bien d'autres encore, — c'est que le nom de sainte Thérèse suffit à
réfuter l'argument d'après lequel les femmes ne doivent pas écrire,
parce qu'elles n'ont jamais pu le faire avec supériorité. Sainte Thérèse
est un des plus grands, sinon le plus grand prosateur de l'Espagne,
et même parfois elle cultivait la poésie.

Sans aucun doute encore, le grand mérite, l'honneur incompa-
rable d'une femme, c'est de bien élever ses enfants et d'en faire des
hommes; comme son bonheur le plus doux et son premier devoir,
c'est de rendre heureux son mari. Mais pour rendre un mari et des
enfants bons et heureux, pour faire des hommes, « de braves
« jeunes gens, comme disait M. de Maistre, qui croient en Dieu et
« n'ont pas peur du canon, » il faut précisément avoir des femmes
fortes par l'intelligence, fortes par le jugement et par le caractère,
appliquées, laborieuses, attentives : il faut, comme dit l'Écriture,
que ce regard, cette beauté, cette bonté, qui ornent et embellis-
sent tout dans une maison, soient illuminés d'en haut : *Sicut sol
oriens mundo, sic mulieris bonæ species in ornamentum domus
ejus.* Il faut que cette main, qui tient le fuseau et s'applique aux
détails de l'intérieur, soit conduite par une tête qui conçoit et
gouverne. Le portrait tracé par Salomon n'est pas celui de la femme
uniquement appliquée à la vie matérielle, mais de la femme *capable;*
et si ses enfants se lèvent pour la proclamer glorieuse et bienheu-
reuse, c'est parce qu'elle a le sens élevé des choses de la vie, les
prévoyances de l'avenir, le soin des âmes ; parce qu'elle est en toutes
choses au niveau des plus nobles devoirs et des plus sérieuses pensées, en un mot, la digne et intelligente compagne d'un époux qui
est assis aux portes de la Cité sur les premiers sièges de la justice.

Je pourrais citer ici d'autres passages des saintes Écritures, qui montrent que les sciences naturelles, les arts, les lettres sacrées, la poésie, l'éloquence, n'étaient pas étrangères à l'éducation des jeunes filles israélites, et à l'existence des femmes juives. N'est-ce pas une femme, la mère de Samuel, qui, dans un admirable cantique, a proclamé que *Dieu est le Seigneur des sciences*, et que c'est lui qui donne l'intelligence à nos pensées? N'est-ce pas Marie, la sœur de Moïse, qui enseignait aux jeunes israélites la musique et les cantiques sacrés?

Mais c'est surtout depuis l'Évangile que la dignité intellectuelle et morale de la femme a été relevée, et que les femmes chrétiennes ont pris une si noble place dans la société humaine. Ce que je demande, c'est que des préjugés ridicules, des noms grossiers et de fades railleries ne les fassent pas descendre du haut rang que l'Évangile leur donne, dans la frivolité ou le matérialisme de la vie.

Qu'on l'entende bien : ce que je désire avant tout, ce ne sont pas des femmes savantes, mais, — ce qui est nécessaire et à leurs maris et à leurs enfants et à leur ménage, — des femmes intelligentes, judicieuses, attentives, instruites de tout ce qu'il leur est utile de savoir, comme mères, maîtresses de maison et femmes du monde; ne dédaignant jamais le travail des mains, et toutefois sachant occuper non-seulement leurs doigts, mais aussi leur esprit, et cultiver leur âme tout entière. Et j'ajoute que, ce qu'il faut craindre à l'égal des plus grands maux, ce sont ces femmes frivoles, légères, molles, désœuvrées, ignorantes, dissipées, amies du plaisir et de l'amusement, et par suite ennemies de tout travail et presque de tout devoir ; incapables de toute étude, de toute attention suivie, et par là même hors d'état de prendre aucune part réelle à l'éducation de leurs enfants, et aux affaires de leur maison et de leur mari.

III

LES EXEMPLES.

A ces conditions, on peut renoncer, si l'on veut, à ce qu'on a coutume d'appeler la femme savante. Car, de fait, elle n'est pas du goût

des Français. Toutefois, avant de la quitter, il est intéressant de se
rappeler que des siècles plus chrétiens que le nôtre étaient loin de
la mépriser. Le biographe de l'illustre saint Boniface déclare sans détour que saint Boniface aimait sainte Lioba à cause de la sûreté de
son érudition, *eruditionis sapientia.* Cette admirable vierge, dans
laquelle les lumières de l'Esprit saint s'ajoutaient aux lumières
laborieusement recueillies par l'étude, unissait à une pureté et
à une humilité, vertus qui gardent tout dans un cœur, une
science dans la théologie et le droit canon qui devint un des flambeaux de l'Église germanique naissante. Et du reste saint Boniface était si loin de mépriser les efforts de sa fille spirituelle pour
s'élever vers les choses de l'intelligence, que parfois il dérobait à
l'apostolat des heures qu'il ne croyait pas perdues, pour corriger
les compositions littéraires, les vers latins, de Lioba, et lui répondre,
dans le même style : poétiques messages, portés au travers des mers
par des confesseurs et des martyrs.

Et si remontant plus haut, nous examinions de plus près les souvenirs de l'histoire, nous trouverions que, depuis l'établissement du
christianisme, des noms de femmes se lisent sans cesse sur les monu-
ments littéraires que les siècles ont le plus respectés, témoin cette célèbre Hypatie dont Clément d'Alexandrie fut le disciple ; témoin cette
illustre sainte Catherine qui enseignait la philosophie chrétienne, et
confondait les philosophes païens dans les écoles d'Alexandrie ; témoin
encore sainte Perpétue écrivant les actes de son martyre et la gloire
de ses compagnons.

Dès que la paix fut rendue à l'Église, et que commença, après le
siècle des martyrs, le siècle des docteurs, qu'y a-t-il de plus célèbre
par la gravité de leur esprit et l'étendue de leur savoir, que les
Paule, les Marcelle, les Mélanie, les Eustochium, et tant d'autres
saintes et grandes femmes chrétiennes : sainte Marcelle, dans laquelle saint Jérôme trouva un si puissant auxiliaire contre les héré-
tiques ; sainte Paule, qui inspira à saint Jérôme ses plus nobles et
plus importants travaux, la traduction latine de la Bible sur le texte
hébreu, et un travail complet de commentaires sur tous les pro-
phètes.

Rien n'est plus beau que la lettre de sainte Paule à sainte

Marcelle; on y comprend tout ce que celle-ci avait fait pour élever l'âme et les facultés des saintes femmes et des jeunes vierges qui l'appelaient leur mère, et quelle était l'intelligence et l'éloquence de sainte Paule [1].

Qui ne sait, dans le siècle suivant, ce que fut Thérésia pour Paulin, le brillant disciple d'Ausone, et de plus un si grand saint? qui ne sait encore qu'Elpicia (femme de Boëce) composait des hymnes adoptées par la liturgie romaine?

Au milieu de la barbarie, apprendre les lettres fut une des premières lois imposées aux vierges chrétiennes. Dès que l'on remarquait chez quelques-unes d'entre elles des aptitudes littéraires, on les dispensait du travail des mains, selon le précepte de saint Césaire, afin qu'elles pussent se livrer entièrement aux labeurs intellectuels. Dans la plupart des monastères, on les voit appliquées à l'étude. Elles écrivent, traduisent, copient, déchiffrent sans interruption.

Sainte Radegonde ne se contente pas de recueillir à Poitiers un des derniers poëtes romains, mais l'enseignement qu'elle fait donner par lui à ses religieuses y forme des écrivains qui dépassent bientôt leur maître. La pureté et l'élégance classiques revivent dans les écrits de Baudonovia. Tout le charme de l'inspiration chrétienne se révèle déjà dans l'hymne qu'une religieuse de Poitiers improvise, au moment de la mort de Radegonde, et une des premières fleurs de la poésie nouvelle s'épanouit sur le tombeau de la sainte reine qui avait tant aimé les lettres.

Les monastères d'Angleterre, d'Irlande et de France sont des pépinières de femmes érudites et pieuses.

Il est constant, d'après des témoignages nombreux et avérés, dit M. de Montalembert, que les études littéraires étaient cultivées, au septième et au huitième siècle, dans les monastères de femmes en Angleterre, avec non moins de soin et de persévérance que dans les communautés d'hommes, et peut-être avec plus d'entraînement encore. Les religieuses anglo-saxonnes ne négligeaient point les occu-

pations propres à leur sexe. Mais le travail des mains était loin de
leur suffire. Elles quittaient volontiers la quenouille et l'aiguille,
non-seulement pour transcrire des manuscrits et les orner de minia-
tures, dans le goût de leur temps, mais surtout pour lire et étudier
les livres saints, les Pères de l'Église, et même les auteurs classiques[1]. »

Sainte Gertrude, sous Dagobert, savait toutes les Écritures par
cœur et les traduisait du grec. Elle envoyait au delà des mers chercher des maîtres irlandais qui enseignaient la musique, la poésie et
le grec aux vierges cloîtrées de Nivelle. De tous ces foyers sortent de
brillants flambeaux tels, que Lioba, fondatrice de l'abbaye de Bischof-
sheim, Roswitha, sainte Brigitte. C'est par une sainte femme que l'é-
tude du grec est inaugurée dans le monastère de Saint-Gall. Et les
lumières de la savante Hilda étaient tellement estimées dans l'Église
anglo-saxonne, que plus d'une fois la sainte abbesse assista aux dé-
libérations des évêques assemblés en concile ou en synode, et qui
voulaient recueillir l'avis de celle qu'on regardait comme spécialement éclairée de l'Esprit saint.

Il faudrait écrire trop de noms et parcourir tous les siècles chrétiens, s'il fallait rappeler tous les exemples de femmes dans lesquelles
la sainteté a été accompagnée du don de la science la plus lumineuse.

Nous pourrions nommer encore ici une fille de Guillaume le Con-
quérant, Cécile, abbesse d'un monastère à Caen, l'illustre Emma,
abbesse de Saint-Amand, et surtout Herrade, qui étonna ses contemporains par de savants travaux cosmologiques, où se trouvait résu-
mée toute la science de son temps.

Au douzième siècle, sainte Hildegarde recevait des révélations sur
la constitution physique du globe, et écrivait sur les lois de la
nature, des traités qui devançaient la science moderne; rien ne

[1] *Les Moines d'Occident*, tome V. Ce cinquième volume, et les deux qui le précè-
dent, écrits au milieu d'une cruelle et persistante maladie, abondent par ce souffle
puissant, la tendresse et l'élévation de cœur qui s'y font sentir, et montrent comment une âme chrétienne et vaillante sait se tenir debout, sans défaillance, dans les
épreuves physiques et morales les plus douloureuses. — Voilà des livres que je voudrais voir entre les mains de tous, aujourd'hui surtout qu'une littérature malsaine,
et tant d'écrits d'une odeur malsaine nous inondent.

surpasse l'élévation, la noblesse d'esprit, que révèlent les œuvres si
diverses de cette illustre femme.

C'est sainte Élisabeth de Schenawge, qui a écrit l'admirable page
citée dans la logique du P. Gratry. Sainte Hildegarde et sainte Élisabeth vivaient l'une et l'autre dans ces monastères des bords du
Rhin, où les femmes écrivaient, peignaient, travaillaient... «où l'on
faisait des choses étonnantes,» dit encore le P. Gratry.

Et que dire de sainte Catherine de Sienne qui partage la gloire
des grands écrivains, dit Ozanam.

M. de Maistre prétend qu'une jeune fille *est folle de vouloir peindre*.
Mais que de grandes saintes ont eu cette folie! Sainte Catherine de
Bologne était une célèbre miniaturiste : elle écrivait des traités
savants, et peignait des chefs-d'œuvre; elle composait aussi de la
musique sacrée et perfectionnait les instruments : jusque sur son lit
de mort elle faisait encore de la musique avec les instruments dont
la conception et l'exécution lui appartiennent; si bien que l'on place
dans ses mains la lyre ou viole qu'elle a inventée, lorsqu'on la re-
présente sur les autels.

A travers tant de noms que les arts réclament aussi bien que
les lettres, nous arrivons à sainte Thérèse, dont j'ai déjà prononcé
le nom. Ici, M. de Maistre est vaincu. Oui, le génie est descendu
sur une intelligence de femme, il y est descendu par le don le plus
éclatant qui se puisse rencontrer. On aurait peur de faire une pro-
fanation en prononçant le nom de chef-d'œuvre et de génie humain
à propos de ces pages sublimes toutes pénétrées d'une lumière divine, merveilleux échos du ciel qui nous émeuvent encore sur la
terre. Mais où trouver nulle part le beau réalisé avec plus d'éclat, de
simplicité, de naturel et de grandeur?

Si tous ces noms sont des noms de saintes, pour lesquelles la religion a été le but et l'inspiration suprême, il ne faut pas s'en éton-
ner. Je l'ai dit : les femmes avaient été relevées par le christianisme ;
âme, cœur et intelligence : elles lui devaient l'hommage de tous
les dons qu'elles en avaient reçus, elles le lui offrirent.

Pour achever ce coup d'œil jeté sur l'histoire, non pas tant des
femmes savantes que des femmes intelligentes, des femmes d'esprit et de cœur, des femmes de foi et de vertu chrétienne, je dirai

enfin que, dans des temps plus voisins de nous, Christine Pisani a écrit d'admirables Mémoires sur Charles V, où l'on trouve une grande élévation morale, en même temps que le charme du style.

Je nommerai aussi Élisabeth de Valois et Marie Stuart qui ont eu une correspondance latine de plusieurs années sur l'avantage des études littéraires;

Élisabeth Sirani, un des peintres les plus religieux de l'école bolonaise au dix-septième siècle ;

Helena Cornaro, au seizième siècle, qui fut reçue docteur à Milan, et est morte en odeur de sainteté.

Et la mère de Chaugy, quel charmant écrivain, au commencement du dix-septième siècle !

Et comment ne pas nommer aussi madame de Sévigné et madame de Lafayette?

Enfin au dix-huitième siècle, je rappellerai mademoiselle de Lézardière, qui a écrit un ouvrage que M. Guizot estime « le plus instructif qui existe sur l'ancien droit français. » Ainsi c'est une femme, qui a consacré une vie où le travail austère et les œuvres de charité avaient seuls une place, à faire le premier ouvrage qui ait frayé la voie aux nouvelles découvertes de la science moderne, un ouvrage prodigieux d'érudition : *la Théorie politique des lois françaises*. Cette savante, il faut bien se décider à la nommer ainsi, a vécu dans un château isolé, où sa piété était l'exemple de tous les siens, et a laissé une mémoire vénérée parmi ses compatriotes.

Je pourrais citer bien d'autres exemples encore pour réhabiliter même ce mot *de femme savante*, que, du reste, j'ai promis d'abandonner et abandonne de très-bon cœur. Mais c'est assez.

M. de Maistre termine ses dissertations en disant : « Les femmes n'ont jamais fait de chefs-d'œuvre. » Qu'est-ce à dire? Prétend-il conclure de là que leur travail intellectuel a été et sera toujours stérile et qu'il faut n'en tenir aucun compte?

Mais nous avons vu, et l'histoire nous révèle à quel point les labeurs et la science des femmes sont venus en aide à ceux qui nous conservaient l'héritage des lettres antiques. Il serait assez singulier

qu'on les chassât d'un navire qu'elles ont contribué à sauver des tem-
pêtes de la barbarie.

De plus, est-il besoin de faire des chefs-d'œuvre pour justifier le
talent intellectuel? Non, Dieu arrose les petites fleurs comme les
grands arbres. Il y a d'humbles travaux qui reçoivent la fécondité
d'une bonne action. Et d'ailleurs le succès de nos adversaires doit
être notre encouragement. Si des femmes de talent ont fait tant de
mal, il faut que les femmes chrétiennes luttent courageusement pour
le bien. Sans doute, il y a beaucoup de livres, et un livre de plus est
une goutte d'eau dans l'océan : n'importe! Si tous ne sont pas desti-
nés à l'éclat et à l'immortalité, il en est qui consoleront un petit
nombre d'âmes, et qui seront utiles comme le pain quotidien pour
les besoins du jour, sans durer jusqu'au lendemain.

« Si vous travaillez pour Dieu et pour vous, pour mieux écouter
« les paroles du Verbe en vous, a dit saint Augustin, il y en aura
« toujours quelques-uns qui sauront vous comprendre. »

Cette parole renferme un encouragement pour tous les travaux
humbles, pour tous les efforts fidèles, qui, en développant des facultés
reçues de Dieu, ignorent à quel emploi elles seront destinées. Que
chacun cultive les dons qui lui ont été faits. L'intelligence est un des
plus grands, et, dans le champ du père de famille, aucun ouvrier ne
doit rester inoccupé, inutile, sans travail et sans récompense.

Mais, me dira-t-on peut-être, la plupart des exemples que vous
venez de citer prouvent seulement que les femmes sont surtout faites
pour la science chrétienne. — Je le reconnais : l'inspiration, quand
elle descend dans leurs âmes, remonte plus facilement vers Dieu.
Leurs talents doivent se lier plus étroitement à la vertu, et briller
au dehors comme un de ces rayons purs où l'on retrouve la lumière
et la chaleur du foyer divin.

Mais, hélas! il faut le reconnaître aussi, cette source suprême n'a
fait que trop souvent défaut à des femmes nées avec des talents et pour
des œuvres de premier ordre! M. de Maistre, après avoir déchargé
toute sa plus injuste mauvaise humeur contre madame de Staël,
qu'il a nommée peu poliment la science en jupons, avec impertinence la femme lettrée, dont il qualifie les ouvrages de brillantes
guenilles, avoue cependant plus même des aides les impérieuses

ses contradictions qui lui sont familières, qu'il n'a manqué à madame de Staël que le flambeau de la vérité pour élever au plus haut degré « ses immenses facultés. » « Si elle eût été catholique, dit-il plus tard, elle eût été adorable au lieu d'être fameuse. »

Qu'eût-il dit des femmes qui écrivent de nos jours?

De nos jours, que de chutes intellectuèlles! Quelle douleur d'avoir perdu, pour la cause divine, des talents, des âmes, qui, dans leur chute, portent encore l'empreinte du rayon céleste; temples écroulés, qui parfois semblent faire effort pour se relever de leurs ruines, et du fond de leurs tristesses laissent entendre des accents comme ceux-ci :

« O ma grandeur! ô ma force! vous avez passé comme une nuée
« d'orage, et vous êtes tombées sur la terre pour ravager comme la
« foudre. Vous avez frappé de mort et de stérilité tous les fruits et
« toutes les fleurs de mon champ. Vous en avez fait une arène dé-
« solée, et je me suis assise toute seule au milieu de mes ruines. O
« ma grandeur, ô ma force! Étiez-vous de bons ou de mauvais
« anges?

« O ma fierté! ô ma science! vous vous êtes levées comme les
« tourbillons brûlants que le simoun répand sur le désert; comme le
« gravier, comme la poussière, vous avez enseveli les palmiers, vous
« avez troublé ou tari les fontaines. Et j'ai cherché l'onde où l'on se
« désaltère, et je ne l'ai plus trouvée, car l'insensé qui veut frayer sa
« route sur les cimes orgueilleuses de l'Horeb, oublie l'humble sen-
« tier qui mène à la source ombragée! O ma fierté! O ma science!
« Étiez-vous les envoyés du Seigneur! Étiez-vous des esprits de té-
« nèbres?

« O ma religion! ô mon espérance! vous m'avez porté comme une
« barque incertaine et fragile sur des mers sans rivages, au milieu
« des brumes décevantes, vagues illusions, infimes images d'une pa-
« trie inconnue; et quand, lassée de lutter contre le vent et de gémir
« courbée sous la tempête, je vous ai demandé où vous me conduisiez,
« vous avez allumé des phares sur les écueils pour me montrer ce
« qu'il fallait fuir et non ce qu'il fallait atteindre. O ma religion! ô
« mon espérance! Étiez-vous le rêve de la folie ou la voix mystérieuse
« du Dieu vivant?...»

Eh bien! moi, qui recueille avec émotion et tristesse ces cris de votre angoisse, je vous crie à mon tour :

Non, ces élans vers le ciel, ce besoin de Dieu, cette force, cette grandeur, cette fierté, n'étaient pas de mauvais anges : c'étaient de grandes et nobles facultés, des dons sublimes... Mais il ne fallait pas les égarer! Il ne fallait pas les prostituer à la vanité et au mensonge Il fallait les consacrer à la vérité, à la vertu, et n'en pas faire des esprits de ténèbres.

IV

LE DEVOIR

Mais les droits des femmes à la culture intellectuelle, ce ne sont pas seulement des droits, ce sont en même temps des devoirs. Voilà ce qui les rend inaliénables. Si ce n'étaient que des droits, les femmes pourraient les sacrifier ; mais ce sont des devoirs. Le sacrifice n'est pas possible, ou ce serait la ruine.

Voilà le point de départ de tout ce j'ai à dire ici. Et c'est ce que je déclare sans aucun détour :

Oui, c'est pour les femmes un devoir d'étudier et de s'instruire; et le travail intellectuel doit avoir sa place réservée, parmi les occupations qui leur sont spéciales, et parmi leurs obligations les plus importantes.

Les raisons primordiales de cette obligation sont graves, d'origine divine, absolument irrécusables; les voici :

C'est d'abord que Dieu ne fait pas de dons inutiles ; en toutes les choses que Dieu fait, il y a une raison, un but; et si la compagne de l'homme est une créature raisonnable, si comme l'homme elle a été créée à l'image et à la ressemblance de Dieu ; si elle aussi a reçu du Créateur le plus sublime de tous les dons, l'intelligence, c'est pour en faire usage.

C'est de plus que tous les dons reçus de Dieu pour servir à quelque chose, doivent être cultivés. L'Écriture nous le déclare, les âmes, comme la terre, quand on les laisse en friche, ne produisent que des fruits sauvages, *spinas et tribulos.* Et Dieu n'a pas plus fait les âmes de femmes que les âmes d'hommes pour être des terres légères, stériles ou malsaines.

C'est encore que toute créature raisonnable rendra compte à Dieu de ses dons : chacun, au jugement de Dieu, sera traité selon les dons reçus, et selon ses profits et ses œuvres.

Dieu nous a donné à tous des mains, qui, selon les interprètes, représentent l'action vive et intelligente, mais à condition que nous ne retournions pas à lui les mains vides.

Enfin il s'est expliqué catégoriquement par la parabole des *talents,* où il annonce qu'on lui rendra de tout un compte rigoureux, talent pour talent. Et je ne sais pas un Père de l'Église ni un moraliste, qui jusqu'à présent ait prétendu que cette parabole des talents ne regardait pas les femmes aussi bien que les hommes. Il n'y a ici aucune distinction sérieuse à faire, chacun rendra compte de ce qui lui a été confié; et le bon sens humain comme le bon sens divin indique assez que les unes n'ont pas plus que les autres le droit d'enfouir et de dilapider les biens que le ciel leur a départis pour les faire valoir.

C'est enfin, dirai-je avec saint Augustin, qu'il n'est permis à aucune créature, à aucune de celles à qui Dieu a confié la lampe de l'intelligence, de se conduire en vierge folle; de laisser imprudemment s'épuiser l'huile de la lampe, faute de l'entretenir et de la renouveler; de laisser ainsi éteindre la lumière, qui doit d'abord l'éclairer elle-même, puis d'autres qu'elle, ne fût-ce, puisqu'il s'agit d'une épouse et d'une mère, que son mari et ses enfants.

Dans la plupart des livres qui traitent du mérite, des destinées, et de la vertu des femmes, loin de considérer la femme *comme un être créé à l'image de Dieu, intelligent, libre,* RESPONSABLE DE SES ACTIONS *devant son Créateur,* on en fait une propriété de l'homme, faite uniquement pour lui, et *dont il est la fin.* Dans tous ces livres, la femme n'est qu'un être éblouissant qu'on adore, mais qu'on ne respecte pas, et au fond un être inférieur, dont l'existence n'a pas d'autre but que l'agrément de l'homme ou son utilité la plus frivole, dépendant avant tout de l'homme, qui est seul son maître, son législateur et son juge:

absolument comme si elle n'avait ni âme, ni conscience, ni liberté
morale, comme si Dieu n'était rien pour elle, et n'avait pas donné
à son âme des besoins, des facultés, des aspirations, en un mot, des
droits en même temps que des devoirs.

On déclame, et l'on fait bien, contre la futilité des femmes, contre
leur désir de plaire, et ce qu'on nomme leur coquetterie. Mais d'abord,
la futilité, ne la fait-on pas naître, ne la propage-t-on pas par cette
crainte de faire des *savantes*, de trop développer leur intelligence,
comme si elle pouvait jamais l'être sérieusement trop, comme si le
véritable développement, celui par lequel on comprend mieux le
devoir, par lequel on en sait mieux tirer les conséquences, pouvait
nuire ! N'oblige-t-on pas la femme qui a des goûts sérieux à les cacher
ou à les faire excuser par *tous les moyens qu'elle pourrait employer,
s'il s'agissait d'une faute?*

Ou bien encore, si on lui permet de s'instruire, ce n'est que dans
les bornes les plus restreintes, et seulement, comme le veut M. de
Maistre, pour pouvoir comprendre ce que disent les hommes ;
pour se rendre plus amusantes, en entremêlant les chiffons avec
je ne sais quel savoir dans une mesure plus piquante : tant la
crainte de la femme savante épouvante les paresseux et les hommes
légers, qui ne veulent rien faire eux-mêmes ni rien laisser faire aux
autres.

J'irai plus loin et je dirai :

Ce désir de plaire, cette coquetterie, ne les suscite-t-on pas, et n'est-ce
pas l'éducation même souvent qui les provoque, en faisant de l'homme
le but unique de la destinée de la femme ! Vous aurez beau lui dire
qu'elle n'est destinée qu'à *un seul,* que les autres doivent être comme
n'existant pas pour elle : cela est *parfaitement* vrai dans le christianisme, qui révèle à la fois tous les droits et tous les devoirs ; mais,
en dehors de la vertu chrétienne, quand cet *un seul* sera maussade,
vicieux, tout à fait indigne d'attachement, et que la tentation ap-
paraîtra sous les traits d'un autre, sous les traits de cet être supérieur
ou jugé tel pour lequel elle se croit uniquement faite, comment,
dis-je, lui persuaderez-vous de fuir celui-ci et de ne vivre que pour
celui-là? Mais, imprudents que vous êtes, vous lui avez dit *qu'elle
n'est qu'un être incomplet qui ne peut se suffire,* qui doit s'appuyer sur

la supériorité d'un autre, et vous trouvez mauvais, lorsqu'elle rencontre cet autre, cet appui, cette supériorité, cette plus vraie moitié d'elle-même, qu'elle s'y attache, qu'elle en subisse la funeste attraction !.. Certes, alors, elle viole le plus saint des devoirs; mais n'avez-vous pas été, n'êtes-vous pas vous-mêmes les plus coupables et les plus aveugles des hommes?

Je le dis sans hésiter : la morale chrétienne enseigne seule ici avec une autorité décisive et absolue à la femme ses véritables droits et ses devoirs dans leur corrélation nécessaire.

Oui, tant que vous n'aurez pas persuadé à la femme qu'elle est avant tout pour Dieu, puis pour elle-même et pour son âme, puis enfin pour son mari et pour ses enfants, mais après Dieu, avec Dieu, et toujours pour Dieu ; vous n'aurez rien fait ni pour le bonheur, ni pour l'honneur de vos familles.

Sans doute, ils sont deux et ne font qu'un, et leurs enfants ne font qu'un avec eux. Mais si Dieu n'est pas au fond de cette providentielle unité, la Providence sera vengée et l'unité se brisera : et n'est-ce pas le malheur, presque toujours irréparable, que nous avons si souvent sous les yeux?

Cette absorption excessive *de la personnalité* de la femme dans son époux était peut-être utile pour préserver la matrone antique. Ces restrictions morales et intellectuelles avaient peut-être une raison, lorsque les devoirs n'avaient pas de sanction assez forte : la réclusion du gynécée servit peut-être à préserver la famille d'un effroyable désordre ; mais la femme chrétienne se sent une autre destinée. Pour elle, le gynécée et le harem sont inutiles. Elle aime celui auquel elle a été unie devant Dieu, avec une tendresse et un dévouement qui n'ont guères été connus du paganisme, ou, du moins, ils étaient bien rares, à en juger par les éloges emphatiques accordés à celles qui ont approché le plus de ce que nous voyons tous les jours. La femme chrétienne se regarde comme la compagne de l'homme, comme son aide tant aux choses de la terre qu'aux choses du ciel, *Socia, Adjutorium ;* comme devant le consoler et faire son bonheur. Mais elle pense aussi que l'époux et l'épouse doivent s'aider l'un l'autre à devenir meilleurs, et après avoir formé ensemble de nouveaux élus, partager éternellement la même félicité. Eh bien! Pour

de telles destinées, l'*éducation des femmes ne saurait être trop suivie,
trop sérieuse et trop forte.*

Le système contraire repose sur une *appréciation païenne de
leur destinée;* et aussi, on l'a dit avec raison, *sur la paresse des
hommes qui veulent conserver leur supériorité à bon marché.* L'appréciation païenne, c'est de croire que les femmes ne sont que des
êtres agréables, mais passifs, subalternes, et faits uniquement pour
l'amusement et le plaisir de l'homme. Mais, je l'ai dit, le christianisme en a de tout autres pensées. Dans le christianisme, la vertu
de la femme comme celle de l'homme doit être volontaire, noble,
active, intelligente. Il faut qu'elle connaisse toute l'étendue de ses
devoirs et qu'elle sache tirer toutes les conséquences de l'enseignement divin pour elle-même, pour son mari et pour ses enfants.

C'est une des inventions les plus coupables du dix-huitième siècle,
ce siècle d'impiété et de volupté, que le préjugé contre le travail
intellectuel des femmes. Le régent et Louis XV y ont plus contribué que Molière, comme ils ont créé plus de préjugés contre la
religion que *Tartuffe.* Il était utile à tous ces maris sans vertu d'avoir
des femmes sans valeur, ou ne valant pas mieux qu'eux, et incapables de contrôler leurs désordres.

Une femme supérieure oblige son mari à compter avec elle. Il est
forcé de subir le contrôle d'un esprit intelligent, et il ne se sent pas
libre de se livrer à tous les caprices. Et voilà pourquoi il fallait à
ces maris vicieux des femmes ignorantes.

Molière avait frappé tout aussi bien la frivolité dans les *Précieuses
ridicules*[1], que la pédanterie dans les *Femmes savantes;* le dix-huitième
siècle n'a gardé que le préjugé qui lui était commode, la régence
l'a établi en loi, et tous ces hommes de désordre ont livré l'honneur
de leur famille pour ne pas avoir dans leurs femmes un juge incom-
mode, une conscience vivante, un reproche toujours présent. Ils ont
préféré avoir des femmes futiles et vaines comme eux, et faire du mariage un contrat où l'on ne comptait que les fortunes et les titres, et où

---

[1] Il faut remarquer d'ailleurs que les femmes savantes de Molière n'ont que la
prétention et pas la réalité de la science, comme les précieuses ont celle du beau langage et des manières de la cour. Les unes sont des ignorantes qui jouent le rôle
de savantes, les autres des provinciales qui imitent les femmes de Paris.

le cœur, ni d'un côté ni de l'autre, n'était engagé pour rien ; et on a vu avec effroi la corruption où tomba alors la société française.

Comment M. de Maistre, qui eut sous les yeux les restes de cette corruption et les châtiments qu'elle a mérités, n'a-t-il pas compris que la situation abaissée faite à la femme en était une des causes premières, et que le préjugé contre l'élévation intellectuelle des femmes était l'œuvre du vice?

V

LES DANGERS DE LA COMPRESSION.

La nature des choses elle-même parle d'ailleurs assez haut. La nature humaine demande à être instruite, agrandie, éclairée, élevée dans toutes ses facultés ; et, je dois le dire, pour ma part je n'ai jamais rien rencontré de plus dangereux que des facultés étouffées, des besoins inassouvis, une faim et une soif sans pâture ! De là ce tourment de savoir qui, à défaut du bien et du vrai, se jette sur le mal et le faux ; de là ces passions, nées bonnes et généreuses, qui se retournent contre la vérité et la vertu ; de là ces voies détournées, mauvaises et perverses, où entraîne une ignorance qui ne sait ni choisir, ni juger, ni se contenir : *conversi dirumpent vos*, dit l'écrivain sacré ! De là enfin le secret de tant de chutes, de tant de scandales, ou au moins de tant et de si misérables frivolités parmi les femmes ! Si ces facultés riches et ardentes avaient été mieux dirigées, on n'aurait pas eu à en déplorer la ruine ; on ne gémirait pas sur ce triste et injuste niveau d'esprit, sur cette faiblesse d'intelligence de tant de femmes d'une nature distinguée, appelées à être l'ornement du monde, l'honneur de leur famille, et dont l'éducation, arrêtée dans ses développements, a fait des femmes élégantes peut-être jusqu'à trente ans, mais à jamais frivoles, médiocres et inutiles. Certes, on ne peut en tout ceci m'opposer aucune contradiction sérieuse.

Il y a, du reste, ici une autre observation très-importante à
ajouter :

M. de Maistre a voulu faire une femme humble et vertueuse dans
l'aridité de ses devoirs, sans lui rien laisser pour la relever et la soutenir, sinon de savoir « que Pékin n'est pas en Europe, » et le reste.

C'est impossible. Elle ne restera pas dans cette basse sphère, et si
on ne lui donne pas les joies de l'intelligence, pour la reposer des
devoirs matériels, quelquefois écrasants, qui pèsent sur elle, elle rejet-
tera les devoirs qui l'humilient, *s'ils sont seuls*, et cherchera à
échapper à l'ennui par la frivolité. N'est-ce pas ce que nous voyons
chaque jour?

Que sert de se faire ici des illusions?

Oui, il y a souvent de l'ennui, et beaucoup d'ennui dans les charges
d'une famille, dans les devoirs d'une maîtresse de maison, et dans
ces mille détails matériels toujours répétés. Où trouvera-t-elle
consolation? qui donnera un légitime essor à son imagination quelquefois bouillonnante? Qui offrira à son intelligence la juste satisfaction qu'elle demande, et permettra enfin à cette femme de ne pas
se croire une servante?

Il faut l'avouer, — et combien d'expériences sont venues fortifier
ma conviction à cet égard, — il y a des heures où la piété elle-même,
la piété ordinaire, ne suffit pas! Il y faut le travail et quelquefois le
travail le plus sérieux de l'esprit. Le dessin, la peinture même ne suffit
pas, à moins que ce ne soit la peinture la plus élevée. Il faut la grande
et forte application de l'intelligence, un travail sérieux, littéraire,
philosophique ou religieux. Alors le calme, l'apaisement, la sérénité
se fait. Qu'on ne s'y trompe pas, des principes rigides avec des occupations futiles, de la dévotion avec une vie purement matérielle ou
mondaine, font des femmes sans ressources pour elles-mêmes, et
quelquefois insupportables à leurs maris et à leurs enfants.

Mais laissez à une femme deux heures de bon travail par jour, pendant lesquelles les facultés de son âme se remettront en équilibre, où
tout rentrera dans l'ordre, où sa tête fatiguée se reposera, où son
bon sens et son jugement reprendront leur place, où l'exaltation tom-
bera, où la paix rentrera dans son âme. Alors elle relèvera la tête;
elle comprendra que cette vie de l'intelligence à laquelle elle aspire,

et dont Dieu a donné le besoin à sa nature, ne lui est pas refusée. Alors elle pourra tomber à genoux, acceptant la vie et ses devoirs, aimant la volonté de Dieu.

Voilà le grand et précieux fruit du travail pour la femme devant Dieu. Il soumet son âme, quelquefois plus que toute prière. Il la remet dans l'ordre et le bon sens, et satisfait en elle un désir juste et noble.

J'ai quelquefois entendu dire à des mères qu'elles redouteraient pour leurs enfants des facultés dépassant un peu la proportion ordinaire, et qu'elles s'efforceraient de les étouffer. « Qu'en ferait-on? « disent-elles. Comment trouver une place à ces grandes facultés au « milieu de la vie réelle, si étroite, si mesquine, qui s'ouvre pour les « femmes au bout de leurs premières années de jeunesse? »

Cette parole m'a toujours secrètement révolté. Quoi! vous voulez détruire l'épanouissement de l'œuvre divine, d'une âme dans laquelle Dieu a déposé un germe de vie idéale! Vous respectez ce don chez les hommes, à condition toutefois qu'il trouvera son emploi dans la vie pratique, c'est-à-dire qu'il servira à gagner de l'argent et à accroître une position sociale. Mais comme l'utilité des grandes choses est moins lucrative chez les femmes, il vaut mieux les supprimer. Coupez donc les rameaux de cette plante à laquelle il faudrait trop d'air, d'espace et de soleil, retranchez cette séve inutile. Mais la plante était née pour devenir un grand arbre, et vous allez en faire un arbuste amaigri. Prenez garde dans cette mutilation de la faire d'abord cruellement souffrir et enfin périr tout entière. Éteindre une âme que Dieu avait créée pour être lumineuse, c'est y enfouir le germe d'une souffrance intérieure que vous ne guérirez jamais, et qui égarera peut-être et épuisera cette âme en aspirations vagues et exagérées. Il n'y a pas de tourment comparable à ce sentiment du beau qui ne peut se faire jour, à cette douleur intime d'une âme qui, sans peut-être le savoir, aura manqué sa vocation; et ce mot qui semble exprimer les appels d'en haut, les appels sérieux et irrésistibles, s'applique aux femmes comme aux hommes, à la vie idéale comme à la vie extérieure. Notre âme est une pensée de Dieu, a-t-on dit, c'est-à-dire qu'il y a pour elle un plan divin, dont tous nos efforts ou notre langueur nous éloignent ou nous rapprochent, mais qui n'en existe pas moins dans la sagesse et la bonté divines.

Et pour le réaliser, tout notre développement d'âme, de cœur et d'intelligence n'est pas de trop.

Il est difficile de prévoir d'avance à quoi Dieu destine ses dons; mais la vérité est qu'il les destine à quelque chose et que cette vocation providentielle, si on y est en tout fidèle, écartera les dangers que l'on redoute en y obéissant.

Il faut surtout consulter les natures et ne les faire que ce qu'elles peuvent être, c'est-à-dire les développer dans le sens de leurs facultés. Certes, je ne voudrais pas créer des talents factices par une culture que la nature ne réclame pas, mais je ne voudrais pas non plus laisser en friche ceux qu'elle a suscités. Tout ce qu'il y a de plus dangereux pour la femme, c'est un développement incomplet, c'est la demi-science, c'est le demi-talent, qui, lui faisant entrevoir des horizons supérieurs, ne lui donne pas la force de les atteindre, lui fait croire qu'elle sait ce qu'elle ignore, et jette ainsi dans son âme un trouble, un désordre et un orgueil qui souvent se traduira par les plus tristes égarements.

Quand l'équilibre n'est pas établi entre l'aspiration et la puissance qui la réalise, après des efforts infructueux pour atteindre son idéal, cette âme qui ne se contente plus de la vie vulgaire, à laquelle il faut un mouvement quelconque d'esprit et d'imagination, le cherche dans des émotions, des plaisirs toujours dangereux et souvent coupables.

Si vous ne dirigez pas cette flamme en haut, elle dévorera sur la terre les aliments les plus grossiers. Une personne supérieure me disait : Dans les arts, c'est la médiocrité surtout qui est à craindre; un grand talent échappe à beaucoup de dangers. Ce qu'il faut, quand l'élan est donné, c'est d'atteindre le but : sans cela, nul ne sait où l'on retombera ?

J'en ai eu de terribles exemples, où j'ai vu ce que deviennent les talents étouffés et une riche nature que l'on a fait avorter.

SUITES FUNESTES DE L'IGNORANCE ET DE LA FRIVOLITÉ CHEZ LES FEMMES.

Insistons quelque peu sur un sujet si grave.

La futilité, la frivolité des femmes, leur luxe, leur coquetterie, on s'en plaint, disions-nous tout à l'heure, et justement. Mais, pourrions-nous répondre à beaucoup de ceux qui se plaignent, vous, de quel droit vous plaignez-vous? En effet on ne veut trop souvent, on ne prépare, on n'inspire pas autre chose dans l'éducation qu'on leur donne; en un mot, on ne leur laisse pas d'autre part en ce monde. Loin de les élever comme il faut, de les fortifier, de les ennoblir, on les dissipe, on les amollit, on les abaisse. Loin de former en elles le goût des choses sérieuses ou simplement dignes d'intérêt, on leur apprend à se moquer de celles qui ont de tels goûts ; on les réduit à la frivolité, à la médisance, à la médiocrité en tout genre, et par suite à l'ennui, le plus funeste de tous les conseillers. Il y aurait certes mieux à faire. Il y aurait à leur rappeler ce qu'elles sont devant Dieu et dans l'ordre de la création, ce qu'elles peuvent pour Dieu, et aussi ce qu'elles doivent à la société, à la France, à leur mari, à leurs fils, à elles-mêmes. Il y aurait à leur dire sans détour que c'est à elles, filles de cette Ève à qui l'humanité doit le châtiment du travail, à accepter pour elles-mêmes et à faire accepter aux autres ce fruit un peu amer, mais expiatoire, honorable, et salutaire ; à elles d'en prendre les saintes habitudes dès l'enfance et d'en inspirer plus tard aux autres le goût, ou du moins le courage; à elles de parler ce grand langage de la raison et de la foi. qui fait du travail la loi primordiale de l'humanité, et en même temps une récompense et une puissance.

Leur tient-on ce langage? Loin de là ; on s'irrite contre ceux qui
leur enseignent quel noble et saint usage elles doivent faire de cette
influence, qui leur fut donnée, non pour être les reines d'un bal
et pour briller aux bougies d'un salon ou aux feux de la rampe,
mais pour être au foyer domestique les avocates intelligentes et pa-
tientes de tout ce qui est juste, noble, généreux ; non pour *futiliser*,
si je puis ainsi dire, l'esprit des hommes, qui n'ont déjà que trop de
pente à être futiles, mais pour leur rappeler incessamment que la
vie se compose de devoirs, que le devoir est sérieux, et que le bonheur ne se trouve que dans l'accomplissement du devoir.

Au lieu de cela, qu'en fait-on? Des étoiles d'un jour, météores trop
souvent funestes au repos, à la fortune, à l'honneur des familles : on
peut le dire, les femmes qui ont l'éclat et la durée des comètes, en
ont aussi les sinistres influences; mais, au lieu des fadaises dont on
les enivre, dites-leur donc qu'elles n'auront pas toujours vingt ans,
et que bientôt il leur faudra d'autres ressources et un autre ascendant
que celui de leur beauté ou de leurs caprices. Dites-leur surtout, en
admettant même qu'elles dominent toujours leur mari à si bon marché, que cette autorité frelatée ne leur donnera aucune prise sur leurs
enfants ; et cependant c'est le vrai but, le premier devoir, souvent,
hélas! le seul bonheur d'une femme : avoir de l'influence sur ses enfants, *surtout sur ses fils. Mais pour cela, en même temps que bonté,
tendresse, patience, il faut raison, réflexion, bon sens, lumière :* donc il
faut l'instruction réelle, l'étude attentive, l'éducation sérieuse.

Mais qu'il y a peu de femmes qui en soient là, et puissent rendre
des services sérieux à leurs enfants et à leurs maris !

« En général, m'écrivait une femme du monde que sa position
oblige à être fort répandue, mais qui a l'intelligence de ses devoirs
et s'y est très-appliquée, « En général on ne sait rien, *absolument rien.*
« On ne peut parler que toilette, modes, steeple-chase, ridicules
« des uns et des autres. Une femme connaît tous les acteurs et
« tous les chevaux en renom, elle sait par cœur le personnel de
« l'Opéra et celui des Variétés ; le Stud-book lui est plus familier
« que l'*Imitation* ; l'an passé elle pariait pour *la Touque*, cette année
« pour *Vermouth*, et elle assure que *Bois-Roussel* est plein d'avenir;
« le grand derby la passionne, et le triomphe de *Fille-de-l'Air* a été

« pour elle une victoire nationale. Elle nous dira les couturières
« en renom, le sellier à la mode, le magasin qui fait fureur ; elle
« pèsera le mérite respectif des écuries du comte de la Grange, du duc
« de Morny ou de M. Delamarre. Mais, hélas ! mettez la conversation
« sur un sujet d'histoire ou de géographie, parlez du moyen âge, des
« croisades, des institutions de Charlemagne ou de saint Louis, com-
« parez Bossuet à Corneille, ou Racine à Fénelon ; prononcez les
« noms du Camoëns ou du Dante, de Royer-Collard, de Frédéric
« Ozanam, du comte de Montalembert ou du P. Gratry, la pauvre
« femme reste muette. Elle ne peut entretenir que des jeunes fem-
« mes, des jeunes gens légers ; incapable de parler ni d'affaires, ni
« d'art, ni de politique, ni d'agriculture, ou de sciences, elle ne peut
« causer ni avec son beau-père, ni avec son curé, ni avec aucun homme
« sérieux. Et pourtant, c'est le premier talent d'une femme de savoir
« causer avec tous. Si sa belle-mère visite les pauvres et l'école, et veut
« l'enrôler dans ses pieuses associations, elle n'en comprend ni le
« but ni la portée, car la bonté du cœur et la compatissance ne
« suffisent pas dans une certaine classe pour les œuvres de cha-
« rité. Pour acquérir de l'influence, pour donner au bienfait toute
« sa valeur, toute sa portée morale, il faut une intelligence qui ne
« s'acquiert que par l'étude et la réflexion attentives. »

Et maintenant il faut que j'aille encore plus avant, et que j'indique de plus les suites funestes d'un tel état de choses, pour la famille, pour la société, pour la religion ; je dirai la vérité tout entière.

Je sais, j'ai vu, et j'en ai béni Dieu, tout ce que fait, tout ce que
peut dans la famille une femme, une mère chrétienne, que de choses
s'y introduisent par son influence, que d'idées, rejetées bien loin
d'abord, elle fait adopter : idées religieuses, idées charitables, idées
de dévouement, de résignation, de pardon ; mais plus rarement, il
faut l'avouer, idées de travail.

La vérité pénible que je veux dire ici, c'est que l'éducation, même
religieuse, ne donne pas toujours, donne trop rarement aux jeunes
filles et aux jeunes femmes le goût sérieux du travail. Députées de
Dieu au foyer domestique, gardiennes des saintes traditions de foi,
d'honneur, de loyauté, les femmes, même chrétiennes, même pieuses,

semblent trop souvent les adversaires du travail, soit pour leur mari,
soit pour leurs enfants, pour leurs garçons surtout : j'en ai vu qui
avaient bien de la peine à ne pas regarder comme un larcin personnel
le temps qui lui est consacré. Était-ce la faute de leur intelligence et
de leur aptitude ? Je ne l'ai jamais pensé, j'affirme même le contraire ;
et j'attribue cet éloignement pour le travail d'abord à l'éducation
qu'on leur donne, légère, frivole et superficielle, quand elle n'est
pas fausse ; et ensuite au rôle qu'on leur fait dans le monde, à la
place qu'on leur réserve dans la famille, même dans certaines familles chrétiennes.

On veut que les femmes n'étudient pas : elles ne veulent pas non
plus qu'on étudie autour d'elles ; on veut qu'elles ne fassent rien : elles
ne veulent pas non plus qu'on travaille, ou du moins elles n'encoura-
gent ni leurs maris ni leurs enfants à rien de ce qui est sérieux et
demande de la peine et du dévouement, et parfois elles vont jusqu'à
s'y opposer, quand leur plaisir ou leur liberté peut en souffrir. Et
c'est un immense malheur ! Car elles ont ici la plus funeste influence !
En vain dirons-nous à tous : Travaillez, acceptez des emplois, occupez
du moins votre temps. Tant que les femmes seront là pour détruire
l'effet de nos conseils, ils ne serviront à rien. Tant que la mère
conseillera à sa fille de ne pas épouser un homme en place, tant que
la jeune femme emploiera tout son art à détourner son mari du travail, tant que la jeune mère n'inculquera pas à son fils la nécessité de s'instruire, de cultiver son esprit et ses facultés comme on
cultive une plante précieuse, la loi du travail sera méprisée.

Oui, dans l'état actuel de nos mœurs, et la vie de famille étant donnée ce qu'elle est, les femmes seules peuvent protéger efficacement le
travail, y préparer de bonne heure, le rendre possible et facile,
l'imposer même, en lui réservant estime, encouragements, admiration.

C'est tout le contraire qui arrive. On met ses enfants le plus tôt
possible *en pension*, c'est le mot; ou on leur donne un instituteur, si
c'est un garçon, une gouvernante, si c'est une fille ; et voilà une
mère qui, de gaieté de cœur, se prive, le plus tôt qu'elle le peut, du
bonheur suprême de donner à son enfant la première vie de l'intelligence, la vie de l'âme, elle qui lui a donné la vie du corps. L'enfant

va donc au collége ou au couvent; de quoi se préoccupe le plus
sa mère? Qu'il ne travaille trop!... C'est bien pis s'il a un pré-
cepteur ou une insfitutrice; la mère semble souvent l'adversaire née de
l'un et de l'autre, sans cesse occupée à leur reprendre, à leur dérober
ses enfants, à extorquer des promenades, des exemptions, des in-
terruptions continuelles. Elle ne rêve pour son fils, cette faible et
aveugle mère, et c'est même là ce qu'elle appelle l'*occuper*, que
parties de chasse, réunions de jeunes gens, hippodromes, spectacles,
bains de mer, bals où elle le suit des yeux, s'enivre de ses triomphes
de salon, dont peut-être elle ferait mieux de gémir, vaniteuse pour
son fils ne pouvant plus l'être pour elle-même. Aussi que blâme-t-elle
en lui? un geste peu gracieux, un mot vulgaire, une politesse omise.
Ce n'est pas elle qui lui dira : Vous êtes fait pour mieux que cela,
visez plus haut; instruisez-vous; apprenez à réfléchir, à connaître
les hommes, les choses et vous-même; devenez un homme distingué; servez votre pays; faites-vous un nom, si vous n'en avez pas,
et si vous en avez un, soyez-en digne.

Peu de mères tiennent ce langage à leurs enfants. Les jeunes
femmes le tiennent moins encore à leurs maris. Elles semblent s'être
mariées pour courir, pour s'amuser et trouver le mouvement perpétuel : la campagne, la ville, les bains, les eaux, le turf, le bal, les
concerts, les visites, ne leur laissent un instant de repos ni le jour,
ni la nuit. Bon gré, mal gré, le mari doit partager cette pétulance;
il s'ennuie souvent, récrimine quelquefois, n'importe : en attendant
qu'il secoue ce joug et se réfugie dans les clubs, il cèdera; la jeune
femme y emploie tout ce que l'art et la nature, tout ce que Dieu lui
avait donné pour un meilleur et plus sérieux usage, de grâces, de
beauté, de douceur, d'adresse, de séductions. Oh! si elle employait
la moitié de ces ressources providentielles à persuader à son mari
qu'elle serait fière d'être la femme d'un homme distingué, qu'elle
le voudrait instruit, capable, digne de son nom, digne d'être pro-
posé plus tard à l'imitation de ses fils, soit qu'il occupe un emploi,
soit qu'il reste dans ses terres pour y prendre une juste influence,
viser aux places électives, gagner l'estime et la confiance de ses con-
citoyens, donner un noble exemple, servir ainsi Dieu et la société!

Loin de là, si le pauvre mari essaye de prendre un livre pour se reposer

du tourbillon auquel on le condamne, madame fait une petite moue
(qu'on proclame adorable parce qu'elle a vingt ans, mais qu'on trouvera bientôt insupportable); elle tourne autour du lettré, du rhéteur,
du savant, va mettre son chapeau, revient, s'assied, se lève, passe
dix fois devant sa glace, prend ses gants, et enfin éclate, maudissant
le livre et la lecture, qui ne sert de rien, ne mène à rien, sinon à être
un homme absorbé et assommant. Pour avoir la paix, le mari jette
le livre, perd l'habitude de le reprendre, s'annihile de jour en jour
par procédé conjugal, et n'ayant pu élever jusqu'à lui sa compagne,
il s'abaisse jusqu'à elle.

Il y a là un cercle vicieux déplorable : tant que les femmes ne
sauront rien, elles voudront les hommes inoccupés. Et tant que les
hommes ne se décideront pas au travail, ils voudront des femmes
ignorantes et frivoles.

Les gens en place ne sont guères moins tourmentés que les autres :
combien de femmes tiraillent un magistrat, un avocat, un notaire,
et les font manquer d'exactitude, d'application à leurs affaires, au
lieu de les encourager au strict et complet accomplissement du
devoir? Elles prétendent l'heure gênante, l'assiduité insupportable.
Vont-elles jusqu'à faire négliger un rendez-vous, manquer à quelque
occupation sérieuse, il semble qu'elles aient remporté une victoire.
C'est bien pis pour certaines carrières occupées généralement par
des gens riches, ou dont les familles l'étaient jadis, la marine et
l'armée. Il faut qu'un militaire, un marin reste célibataire, ou épouse
une fille absolument sans dot. Autrement, dès qu'il est question
d'un mariage, la première chose que l'on exige, c'est une démission :
toute fille possédant de quoi vivre tient à ce que son mari ne *fasse
rien*. En présence de cet inepte préjugé, de cet ostracisme conjugal,
les mères les plus sensées osent à peine conseiller à leurs fils des
carrières qui leur rendront le mariage inabordable, à moins de briser
un bel avenir; ou bien elles disent; et c'est le langage le plus ordinaire : Mon fils occupera seulement quelques années de sa jeunesse,
puis donnera sa démission; un homme marié *ne peut conserver une
carrière.*

Et l'on veut que les jeunes gens travaillent avec une telle perspec-
tive! Peuvent-ils aimer une position qui, sur l'ordre d'un caprice,

sera quittée à jour fixe! Quel zèle, quelle émulation, quelle ambition permet ce projet arrêté de quitter l'épaulette à vingt-cinq ou vingt-huit ans, quand on est capitaine d'artillerie ou lieutenant de vaisseau, c'est-à-dire dès qu'on est délivré des ennuis et des difficultés qu'offre à ses débuts une carrière quelconque?

J'ai vu des mères éprouver un vrai désespoir, lorsque leur fils, au moment d'atteindre une position élevée, est forcé d'y renoncer grâce à l'exigence d'une jeune fille et à l'aveuglement de sa mère, qui devrait cependant prévoir et redouter les regrets inévitables, les inconvénients de l'oisiveté succédant tout à coup au charme d'une vie occupée, la monotonie du tête-à-tête, après les émotions de Solférino, après le qui-vive perpétuel de nos garnisons algériennes, ou la vie aventureuse et presque constamment héroïque du marin.

Non, c'est à une femme chrétienne, c'est à une mère intelligente qu'il appartient de faire comprendre les dangers de l'abrutissement et de l'oisiveté; le suicide social et intellectuel qu'amène l'abstention de toute place, de toute fonction, de tout travail; la nécessité politique et religieuse d'occuper les emplois, de s'y distinguer, d'y rester, d'y user de son influence en faveur de la religion et des mœurs : c'est là une question vitale, qui ne sera comprise et pratiquée que quand les mères l'enseigneront avec le catéchisme à leurs petits enfants. Et c'est le commentaire que toute mère et tout catéchiste devrait donner, lorsqu'ils expliquent le chapitre si important *de la paresse*, aux péchés capitaux. Et plus tard, jusqu'à vingt ans, il faut qu'elles élèvent leurs filles dans les mêmes pensées; qu'elles les rendent capables et raisonnables; qu'elles leur parlent sans cesse des inconvénients de l'inoccupation pour un jeune mari, combien il est difficile de l'amuser tout le jour, de lui plaire sans le lasser, d'éviter l'ennui, l'humeur, la monotonie; ne manquant pas d'ajouter, ce que j'ai expérimenté tant de fois, qu'il est impossible un jour d'obliger les fils au travail après en avoir détourné le père.

Sans doute, il est des moments péni! 'es dans une vie occupée : un mari qui part pour Sébastopol ou pour la Kabylie, ou qui s'embarque pour deux ou trois ans, c'est triste. Mais il est quelque chose de plus triste, c'est un mari qui bâille, trouve sa femme assommante, sa maison insupportable, ses affaires personnelles une corvée : et cela

n'est pas rare. J'ai d'ailleurs ouï dire à des femmes qui avaient
consenti courageusement à des séparations nécessaires, que ces
anxiétés avaient leurs consolations, que la conscience du devoir
accompli versait dans leur âme une indescriptible satisfaction;
que ces déchirements étaient suivis d'une joie qui faisait oublier
la peine; qu'à l'approche du retour, à la vue du régiment ou du
vaisseau, elles ressentaient des bonheurs inconnus aux autres femmes. Cela doit être : Dieu ne laisse rien sans récompense; tout sacrifice a sa compensation, toute blessure a son baume. On m'assure
que les meilleurs ménages se trouvent dans nos ports de mer, dans
nos grands centres manufacturiers et même dans nos villes de nombreuse garnison, malgré l'entrain, l'agitation et la dissipation qui y
règnent. Je le crois sans peine : là, tout le monde est occupé. Quand
un mari a passé la journée à la caserne ou à la fabrique, quand
surtout il a longtemps couru les mers, il a hâte de rentrer chez lui,
il a soif de son foyer, il est passionné pour la vie d'intérieur. De son
côté, la femme, séparée de son mari pendant plusieurs heures, lui
garde au retour son plus riant visage, son plus gracieux sourire;
elle lui épargne les mille contrariétés de la journée, les ennuis du
ménage, les petits embarras de la vie, les étourderies des marmots.
Les enfants accourent joyeux au-devant du père, leurs caresses et leur
babil le reposent du travail; c'est ainsi que les hommes aiment les
enfants : quand il leur faut les subir tout le jour, ils les redoutent.

Et sans s'élever si haut, je demande simplement ce qui vaudrait
mieux pour un mari, quel qu'il soit, même pour celui qui passe sa
vie à la chasse, ou partout ailleurs que chez lui, de trouver en rentrant au logis sa femme de bonne humeur, parce qu'après lui avoir
préparé une maison bien tenue, une table bien servie, elle s'est amusée à faire une jolie peinture, à étudier un peu l'histoire naturelle
qui l'a fort intéressée, à faire une petite expérience de chimie domestique, même à résoudre un problème de géométrie agricole,
ou de la trouver mélancolique et langoureuse, femme incomprise,
un roman de je ne sais qui à la main.

On le voit, si j'insiste tant pour persuader le travail aux hommes
et aux femmes, c'est qu'il y a de bien fortes raisons pour cela;
non-seulement domestiques, politiques, mais sociales. Qui ne le

voit aujourd'hui? nous touchons au socialisme. Les masses se plaignent du travail. On a augmenté et encore augmenté les salaires; pour beaucoup de métiers, dans d'étonnantes proportions : au lieu de six jours par semaine, certains ouvriers ne voudraient travailler que quatre, et même trois jours. C'est aux classes élevées, à celles qui sont tenues spécialement d'avoir l'intelligence de leurs devoirs et de comprendre la portée de leur responsabilité, c'est à elles qu'il appartient de réhabiliter le travail. En cela, comme en toutes choses, il faut que l'exemple vienne de haut ; car en cela, comme en religion et en morale, les hautes classes doivent à la société et à la patrie une expiation. Le dix-huitième siècle avec sa corruption, ses scandales, son irréligion, pèse encore sur nous de tout le poids d'un satanique héritage. Comme le péché originel, ces fautes ont été lavées dans le sang, c'est l'histoire de tous les grands égarements. Il reste à expier le désœuvrement, l'inaction, l'inutilité, l'annihilation auxquels on s'est voué et dont on a donné le funeste exemple.

J'ai remarqué du reste que rien n'est meilleur, et plus décisif, que cet exemple d'une femme et d'un homme *du monde* qui travaillent tous deux. A la campagne, parmi les ouvriers et les ouvrières, on en parle, cela se répète, et réconcilie dans une certaine mesure ceux qui travaillent par nécessité, avec ceux qui n'ont pas besoin pour vivre de ce travail manuel, mais qui ont l'habitude et, si je puis le dire, l'attitude de mépriser pour eux-mêmes l'oisiveté !

Oui, il faut retremper dans le travail toute notre génération ; c'est là qu'est le salut, et il n'est que là.

Mais c'est la mère surtout qu'il faut convaincre ici ; car la mère est le centre de la famille : tout rayonne autour d'elle ; à une condition : c'est que la mère sera digne de son nom et de sa grande mission. Or cela est rare. A ce que nous avons dit de la faiblesse de l'éducation des femmes, joignez les gâteries des parents, leur faiblesse, l'espèce d'idolâtrie qu'ils ont pour leurs filles, les plaisirs prématurés qu'on leur prodigue, le soin qu'on apporte à les louer, à les parer dès leur plus petite enfance, bientôt à les montrer, à les faire briller enfin dans une sorte d'exhibition matrimoniale. Avec des jeunes personnes dont la jeunesse se passe en visites,

en bals, en fêtes, comment espérer des mères de familles sérieuses? Hélas, ce n'est pas possible. Les idées raisonnables ne
leur arrivent guère, que quand l'âge ou le malheur leur a enlevé
leurs plus sûrs moyens d'influence.

Et je dois l'ajouter, ce qui en souffre le plus, c'est la société et la
religion; et il n'en peut être autrement. Un peu de dessin, un peu
plus de musique, assez de grammaire pour mettre l'orthographe,
assez d'histoire et de géographie pour connaître Gibraltar et l'Ilima-
laya et savoir que Cyrus fut roi de Perse, mais pas assez pour venger
les nobles mémoires outragées, pour redresser au besoin les appré-
ciations les plus erronées; des langues étrangères par genre et
comme vernis, de façon à lire des romans anglais ou allemands,
mais pas assez pour apprécier quelques belles pages de Shakespeare,
Milton, ou Klopstock; pas de littérature, rien de nos grands auteurs,
si ce n'est quelques fables de la Fontaine et peut-être quelque
chœur d'Esther appris dans l'enfance; de la science religieuse, ce
qu'on en demande pour faire une première communion, pas assez
pour répondre aux objections les plus vulgaires, aux calomnies les
plus notoires, pas assez pour avoir l'intelligence de sa position et
de ses devoirs, pas assez pour imposer silence aux détracteurs de la
religion, aux adversaires de la raison et de l'évidence chrétienne;
pas assez pour réfuter les sophismes les plus grossiers, pour ramener
à la foi et à ses saintes pratiques son jeune mari, peut-être son vieux
père : avec une telle instruction, quelle influence peut avoir une jeune
femme?

Et en effet, que cette pauvre jeune femme, si peu armée par son in-
suffisante éducation, ne lise rien dans la suite, ou ne lise que des livres
frivoles, où puisera-t-elle des armes contre le blasphème et l'erreur?
Il lui faudra donc, malgré sa piété sincère, soldat inutile, déserter,
de peur de la compromettre par une défense ignorante, la sainte
cause de Dieu et de la vérité. Elle est belle pourtant, cette cause,
et j'ajoute que cette cause est la sienne, car c'est avant tout
la cause des faibles, et elle ne demande pour être servie, qu'une
conviction sincère, et avec un cœur pieux, un peu de savoir. Mais
c'est ce savoir qui manque : faute de réfléchir, faute de chercher
dans de bons livres ce qu'on ne trouve pas dans son propre fond,

il faut se taire, laisser impunément outrager en sa présence son
Dieu et sa foi, baisser les yeux sur sa tapisserie et soupirer.

Oui, soupirez, cela est juste ; et non pas seulement sur ces pauvres hommes qui lisent de si tristes choses, qui s'enivrent de tels
poisons, mais aussi sur ce qu'il ne se trouve personne auprès d'eux
pour leur ouvrir les yeux, pour remettre dans le chemin ces cœurs
égarés, ou jeter du moins un doute à ces esprits faussés, à ces con-
sciences erronées ;. pas une mère, pas une fille, pas une sœur, pas
une épouse, pas une femme intelligente, éclairée, instruite ; et
cependant c'est leur mission essentielle ! Nul autre ne la saurait
remplir : si les femmes ne sont les premiers apôtres du foyer, nul
autre n'y pénétrera ; mais il faudrait s'en rendre capable, et très-
capable.

A présent que tout le monde raisonne ou plutôt ergote, que tout
se discute et se prouve, et qu'il faut démontrer la lumière, la vie,
il faudrait que les femmes participassent de loin à ce mouvement
général. Disons tout : il faudrait en face d'une génération masculine
qui, avec les hauteurs qui lui appartiennent, prend les allures, la
nonchalance, la mignardise, la paresse, la frivolité, la faiblesse fémi-
nines, il faudrait que les femmes se montrassent sérieuses, réfléchies,
fermes, courageuses, viriles, je dirai le mot : quand les hommes
copient leurs défauts, il convient qu'elles leur empruntent quelques-unes de leurs vertus. « Il est temps que les esprits, qui pré-
« tendent à quelque usage de la pensée, se réveillent dans l'atten-
. « tion, dit noblement M. Caro ; que chaque être doué de raison
« sache se protéger contre les malfaiteurs littéraires et repousser
« leurs attentats contre Dieu, contre l'âme, la vertu, la pudeur et
« la foi. »

VII

AVANTAGES DU TRAVAIL INTELLECTUEL.

Ce que je demande ici, est-ce uniquement pour la satisfaction personnelle de la femme et le plaisir de son esprit que je le réclame ?

non certes; mais je dis et il est évident que l'étude lui est utile, nécessaire même pour l'accomplissement de ses plus importants devoirs. Est-ce qu'il n'est pas de toute convenance, quand elle prend pour ses filles une maîtresse de leçons, une institutrice, une gouvernante, qu'elle sache ce qu'on appelle le fond du métier mieux qu'elles-mêmes, qu'elle puisse les surveiller, les diriger, et au besoin les suppléer? N'est-elle mère que pour mettre au jour ses enfants, et abandonner ensuite à des mercenaires les fonctions de la maternité?

Mais c'est surtout pour ses fils que la capacité d'une mère aurait les plus grands avantages, et que son inutilité aurait de bien plus tristes suites. Pour les garçons, non-seulement on ne consulte pas la mère, mais si elle veut faire une objection contre une école impie, on lui répond : « Je veux que mon fils ait une carrière. Je le mets là où il peut s'y préparer. Vous ne savez pas seulement le nom des connaissances que l'on exige. Laissez-moi donc diriger l'éducation de mon fils. » Et lorsque le petit personnage sort de son école, boursouflé d'orgueil plus que de science, et que l'esprit juste, le cœur chrétien de la pauvre mère lui fait apercevoir les sophismes que l'on a enseignés à son fils, elle est obligée de se taire, parce qu'elle n'a pas *un fait*, *une date* précise dans la mémoire, pour l'opposer à une erreur dangereuse.

D'ailleurs bien souvent un père, engagé dans une carrière spéciale, a perdu de vue le mouvement littéraire et artistique qui attire son fils devenu jeune homme. Mais la mère, si elle est intelligente et instruite, saura initier son fils à tout ce qu'elle a aimé et cultivé elle-même durant sa vie. Elle lui indiquera les bons auteurs et les bons livres, les lira avec lui, lui fera rejeter les livres mauvais, les auteurs dangereux, et stimulera ses goûts d'étude en les dirigeant toujours vers un but élevé.

Certes une mère est chargée d'élever le corps, mais aussi l'âme de son enfant; elle sera même plus facilement remplacée dans les détails qui se rapportent à l'éducation physique que dans ceux qui se rapportent à l'éducation intellectuelle et morale. Pour la première, tant de personnes peuvent lui venir en aide; pour la seconde, elle demeure souvent seule, quand elle n'est pas entourée d'obstacles.

Suivre le développement d'esprit et les études d'un jeune homme, le surveiller, le conduire avec cette autorité que donne une rectitude de jugement qui s'impose, une intelligence qui s'unit à la bonté pour inspirer confiance et admiration, tout cela implique un ensemble de qualités intellectuelles peu communues. Combien de mères auxquelles l'âme de leur fils a échappé, parce qu'elles n'ont pu porter, allaiter, élever, nourrir son intelligence, comme elles avaient fait pour son corps. Être mère, mère dans toute l'élévation, l'étendue et la profondeur de ce grand nom! cela seul justifie tous les nobles efforts d'une femme pour acquérir la plus grande distinction d'esprit.

Or, si vous admettez que l'on doive favoriser le développement intellectuel des femmes, au point de vue même de l'utilité de la famille, il faut accepter ce développement complet, et ne pas d'avance lui imposer des limites arbitraires. Il y a des esprits qui ne peuvent grandir en restant inactifs ou mutilés, et qui ont besoin de l'épanouissement, comme dit saint Augustin, pour devenir forts.

Une femme, qui du sentiment des arts ou des lettres s'élève jusqu'au talent, ne perd pas, pour être arrivée plus haut, l'avantage que lui eussent donné des facultés plus médiocres. Soyons sûrs, du reste, comme nous l'avons dit, que les dons de ce genre répondent d'avance à des devoirs, et se trouveront en harmonie avec la destinée providentielle de celles qui les ont reçus.

Je n'accorde donc pas le moins du monde à M. de Maistre que la science en jupons, comme il l'appelle, ou les talents, de quelque nature qu'ils soient, rendent une femme moins bonne épouse ou moins bonne mère, tout au contraire.

A l'égard de son mari, le travail rend la femme digne de lui, s'il est intelligent. L'union ne peut guère se conserver dans un ménage, si la commu... ité des intelligences ne vient pas compléter celle des cœurs. A mesure que la femme perd les charmes de la jeunesse, il faut que la valeur de son esprit s'élève aux yeux de son mari, et que l'estime perpétue l'affection. Le mari, s'il est capable, entre alors dans l'âge de la plus grande activité; il est occupé des choses les plus variées, tandis que trop souvent sa femme, n'ayant reçu de son éducation que des principes sévères avec l'habitude d'occupations fu-

tiles, l'ennuie par sa piété toute machinale, sa musique et son cane-
vas. Il y a toute une série de préoccupations et d'intérêts, dominants
de plus en plus chez le mari, et dans lesquels la femme qui ne travaille
pas ne peut pas pénétrer ; et il se fait alors entre eux ce qu'on peut
appeler la *séparation d'esprit*.

Au contraire, la femme qui a travaillé partage les préoccupations
de son mari ; elle le soutient dans ses travaux, dans ses luttes. Elle
suit son mari et elle précède ses fils ; elle prend dans son intérieur
cette situation si haute qui la rend l'appui, le conseil de l'homme.
Elle sent que son mari est fier d'elle, et qu'il a besoin d'elle. Elle
ne s'en enorgueillit pas ; mais elle s'appuie dans son bonheur avec
sécurité, car elle a la confiance que rien ne peut ébranler une union
qui a pour principe la parfaite communauté de deux âmes et de deux
intelligences, et que son amour durera comme les âmes qu'il unit.

Pour la femme moins favorisée, qui a un mari inférieur à elle,
le travail est encore plus nécessaire ; car il met dans sa vie l'intelligence, et l'aliment dont son âme a besoin et sans lequel elle souffri-
rait peut-être amèrement. Aussi c'est presque toujours grâce à ce
secours, qu'il peut y avoir encore beaucoup de paix et de bonheur
dans ce ménage.

Enfin, et malheureusement cela se rencontre, si un mari est indigne de la femme qui lui est unie, la supériorité de celle-là le force
au respect, la situation qu'elle se fait dans le monde par sa capacité
et sa vertu lui en impose ; et grâce à sa vie sérieuse et appliquée,
cette femme aura pu encore sauvegarder l'honneur de la famille.

Je dois reconnaître néanmoins, tant il y a de variétés dans l'étran-
geté humaine ! que les préférences de certains hommes ne sont pas
pour les femmes spirituelles, distinguées, capables ; et cela par principe, par théorie. Le fait est qu'ils les redoutent, par secret instinct
de leur infériorité ; et on m'a parlé d'un qui répétait sans cesse, à
la façon d'un axiome : « Parlez-moi des femmes inutiles ; il n'y a
« qu'elles qui n'embarrassent pas. » Le même homme s'extasiait à
tout propos sur le mérite de ces excellentes femmes inutiles. La
sienne, fort distinguée, qu'il fatiguait de ce langage, se contenta
longtemps de lui répondre que les maris de ces femmes n'étaient pas
tous de son avis. Enfin un jour qu'il recommençait devant elle son

propos favori, et qu'il ajoutait spirituellement, à son gré du moins : « Je dirai bien à mes garçons d'épouser des femmes sottes : c'est « charmant. À quoi sert l'esprit chez une femme ? — A le transmettre avec son sang, » répondit cette femme noble et sensée. La réponse fut jugée bonne apparemment, car depuis le propos ne reparut plus. Lorsqu'en effet un enfant a le bonheur d'avoir pour mère une femme capable, et s'il a un père qui ressemble à cette mère, il est difficile que rien ne passe dans son âme de la distinction de ses parents : et les germes d'intelligence, transmis avec la vie, ont grande chance de se développer sous les influences qui présideront à son éducation. Ses parents sauront l'élever, le former, le diriger. Et c'est ainsi qu'on a des fils qui réussissent, et font honneur au nom qu'il portent; ils sont les premiers au collége, ils parviennent aux écoles, aux carrières, et sont un jour l'orgueil et la joie de leur famille. Voilà à quoi sert l'esprit chez une femme.

Il le faut bien entendre, la femme en devenant chrétienne, est devenue la compagne de l'homme : *Socia ;* et de plus un secours, une aide, un appui, un conseil, *Adjutorium.* La religion qui a relevé son âme et son cœur a rendu aussi son intelligence capable de comprendre, quelquefois d'égaler, et surtout d'aider l'intelligence de l'homme. En la laissant faible de corps, Dieu a jeté en elle le germe de toutes les grandeurs, de toutes les forces morales. Il n'est pas de nobles œuvres auxquelles les femmes n'aient été mêlées : d'abord institutrices de l'homme, bientôt leurs inspiratrices, et souvent les compagnes de leurs travaux, on a vu des femmes dévouer leur intelligence en même temps que leur vie à celui qu'elles devaient aimer, demeurer au niveau des pensées dont elles sont les premières confidentes, et qui s'épanouissent plus vives et plus fortes, ainsi pénétrées d'un double regard. La femme doit à l'éducation de son esprit la communauté de sa vie intellectuelle avec l'homme. Elle a travaillé pour lui, elle a aussi travaillé comme lui pour Dieu, et l'homme s'est senti grandir avec la frêle créature qu'il est chargé de protéger.

Je ne sache rien de plus heureux qu'une intimité qui ne s'arrête pas dans l'union conjugale à la communauté des intérêts et même des affections, mais qui continue dans le domaine de la pensée : j'en

connais de celte sorte. Je connais aussi plus d'un père, qui, malgré
son rare esprit, n'aurait pu achever l'œuvre de sa vie, sans le secours d'une intelligence mise au service de son âge et de ses infir-
mités par le dévouement filial.

Quant à moi, je crois sans hésiter que les connaissances d'une
femme peuvent souvent l'aider à remplir de grands devoirs envers
son mari, et je connais bien des hommes (n'en déplaise à M. de
Maistre) qui s'arrangeraient mieux d'une savante que d'une coquette.

Voilà pour ce qui regarde la famille. J'examine maintenant la
question au point de vue de la société; et voici la thèse que je pose :

Je dis que, si on était plus indulgent, si on ne frappait pas
de ces stupides anathèmes les femmes qui étudient, celles qui
en ont le goût s'y livreraient sans penser qu'elles font une chose
bien extraordinaire; et alors, fussent-elles même en petit nombre,
elles communiqueraient une certaine vie à toute la société. Peut-
être le niveau des conversations, des occupations et des idées s'élè-
verait-il : les choses élevées inspireraient plus d'intérêt, et vraiment qui pourrait s'en plaindre?

Au lieu de finir leur éducation à jour fixe et de se jeter tout à
coup dans le monde éperdument, les jeunes femmes conserveraient
l'habitude d'une certaine culture intellectuelle ; elles continueraient
pour ainsi dire, et perfectionneraient pour elles-mêmes, pour leur
mari et leurs enfants, leur éducation toute leur vie, les unes en
cultivant les arts, les autres en écrivant ou en étudiant, d'autres
en lisant ; toutes enfin sauraient ne pas rester étrangères aux
intérêts de la religion et de la société, à ce qui se dit et s'imprime,
aux idées qui circulent ; et n'auraient-elles pas ainsi dans leur famille
et dans le monde une tout autre et bien plus salutaire influence?

Mais c'est en province surtout qu'on est sévère sur tout cela :
Là on permet peu aux femmes d'apprendre et encore moins de se
servir de ce qu'elles ont appris. Les plus tolérants disent : Travaillez,
à condition de toujours cacher ce que vous savez. Toute votre
vie intérieure a besoin d'une certaine expansion d'un certain écho,
n'importe !

Mais si vous défendez aux femmes d'écrire, de causer des choses
qui les intéressent, comment supposer qu'elles auront le courage

de travailler pour enfouir éternellement leurs connaissances au dedans d'elles-mêmes?

Et franchement d'ailleurs, je le répète, si on pouvait relever un
peu le niveau des conversations, les tirer de ce cercle si monotone
dans lequel elles se meuvent, quel mal y aurait-il donc? Au lieu d'aller chercher dans le monde une distraction stérile, et le plus souvent
un ennui, si on pouvait y établir un commerce d'esprit, si ce n'est
d'âme et de cœur, remplacer les histoires des villes et les dissertations sur les modes, par des causeries intéressantes où l'on appren-
drait quelque chose, d'où l'on rapporterait le profit qui résulte
toujours de l'effort fait en commun pour s'élever vers le sentiment
du beau, vers les nobles pensées et les nobles intérêts, ne serait-ce
pas un vrai progrès?

On trouve cela, dit-on, dans certains salons: on m'en a cité où
les jeunes filles ne sont pas exclues des conversations sérieuses ; on
ne les exile pas, comme ailleurs, dans un coin du salon où elles ont
le privilége et l'habitude de parler entre elles de toutes les niaiseries
possibles ; mais il leur est permis d'écouter[1] ce qui se dit d'intéressant, elles causent même d'une manière très-agréable sans que personne le trouve extraordinaire. C'est ce qui se passait chez M.***, où
ses deux filles tenaient leur place au milieu des réunions les plus
sérieuses, se mêlaient quelquefois aux conversations intéressantes,
ou tout au moins les écoutaient, les goûtaient, et cela fort naturellement, sans prétention, ni pédanterie. Et ces deux jeunes filles
sont devenues des personnes fort distinguées. Au contraire combien,

---

[1] Écouter, c'est ce que les femmes et surtout les jeunes filles savent le moins
faire ; et pourtant, on les juge à la manière dont elles écoutent, bien plus qu'à la
manière dont elles parlent.

La timidité ou tel autre obstacle peut enlever à une jeune fille ses avantages dans
la conversation ; mais rien ne peut jamais l'empêcher de bien écouter, de ne pas
déranger, détourner, rabaisser par une interruption maladroite ou une question in-
tempestive, la conversation qui s'anime et s'élève.

Écouter! cet art si rare, que je voudrais cultiver chez une jeune fille avant le
dessin et la musique : le premier des arts libéraux, dit un spirituel auteur.

Et cet art-là au moins, il n'est pas de loi somptuaire qui l'interdise aux femmes.
Elles peuvent le pratiquer, au grand bénéfice de ceux qui apprécient cette chose
rare, délicate et charmante, qu'on appelle une bonne conversation, et sans même
courir le danger du sarcasme ordinaire.

de femmes qui s'ennuient et se dépravent, parce que l'activité de leur esprit ne trouve dans le monde aucun aliment.

Serait-il donc si difficile de faire comprendre et admettre que le développement intellectuel des femmes par l'étude des lettres et des arts, au lieu d'être un élément étranger à leur vie, un embarras qui leur crée des besoins en les détournant de leurs devoirs, leur est au contraire d'une utilité journalière dans la famille et la société?

Dans la famille, dont elles créent en quelque sorte l'atmosphère morale, où tout peut s'élever et s'abaisser par leur influence, sentiments, idées, occupations; dans la société, où l'emploi bien dirigé de leur instruction et de leurs talents substituerait quelque chose de solide à la frivolité et au creux des réunions de notre temps. « Je « vois depuis trois ans le monde de la province, écrivait une jeune « dame : celui-ci sans doute ne diffère pas beaucoup des autres ; eh ! « bien, il m'arrive quelquefois au bout de la journée de calculer que, « bon gré mal gré, six ou sept heures se sont passées pour nous à des « conversations sur le prochain qui, tout en compromettant la cha- « rité, épuisent l'esprit et rétrécissent tout ce qu'on a d'horizon. »

N'y a-t-il donc pas pour les femmes de milieu entre la folie des plaisirs frivoles ou dangereux, comme le bal et le théâtre, et l'ennui insupportable de ces réunions où l'on cause à vide pendant les longues heures d'une soirée? Et cependant les efforts tentés dans un autre sens pourraient réussir. Une femme intelligente, chrétienne, qui aime la société et qui ne danse pas, se trouvait de passage, l'hiver dernier, dans une ville de province. Elle eut l'idée de faire de la musique dans son salon, mais de la musique sérieuse. On jouait des quatuors de Mozart et de Beethoven. L'admiration excitée par ces chefs-d'œuvre éleva naturellement les esprits au-dessus du niveau des préoccupations ordinaires qui ont leur écho dans le monde. Les conversations s'en ressentirent : tout le monde en fut charmé, et l'on rapporta quelque chose de ces soirées, où le goût du beau en se ranimant éveilla les bonnes pensées et fortifia les nobles sentiments.

Je suis convaincu que si les femmes prenaient ainsi l'initiative, pour donner une direction élevée à ce besoin de distraction que l'on cherche à satisfaire dans le monde ; si les hommes avaient d'autres

moyens de leur plaire que la fadeur et la frivolité, peut-être les
jeunes gens sans valeur se sentiraient-ils un peu moins les maîtres
du monde, peut-être les clubs seraient-ils moins habituellement le
refuge des hommes qui s'ennuient dans les salons. Si l'on avait
vaincu le terrible préjugé qui condamne une femme à ne pas être
instruite, *à ne pas causer de choses sérieuses, à ne pas même paraître
s'y intéresser*, il y en aurait un bon nombre qui seraient capables
de prendre un certain essor, et de s'intéresser à autre chose qu'à
des chiffons. Par suite, la femme *intelligente* n'étant pas plus une
exception que ne l'est aujourd'hui la femme *pianiste*, elle serait
d'autant moins exposée au péril de l'orgueil que lui fait, dit-on, sa
position de phénomène.

On ne peut détruire le monde, mais ne pourrait-on pas l'améliorer,
en lui donnant un autre mobile que le plaisir enivrant ou frivole?
Un progrès intellectuel n'y préparerait-il pas un progrès moral? Je
sais des salons où grâce à une maîtresse de maison digne et intelligente, sérieuse et aimable, les grands événements, les nobles idées
et les bonnes œuvres trouvent toujours un écho; où les conversations solides stimulent l'ardeur pour l'étude en ouvrant de nouveaux
horizons à l'esprit, où les émotions pures de l'art développent le
goût du beau. Si l'on introduisait un peu plus d'art et de vie intellectuelle dans le monde chrétien, on ne se croirait pas obligé d'aller au
théâtre pour en trouver quelques reflets, comme on l'entend dire
parfois, même dans des familles où la religion est d'ailleurs assez
fidèlement pratiquée.

Oui, pour détruire le préjugé si répandu contre les femmes savantes, le vrai moyen à prendre n'est pas de s'opposer au travail intellectuel qui convient aux femmes du monde, mais au contraire de rendre ce travail chose commune et générale; et c'est ce que j'essaye de
faire pour ma part. En effet le danger vient de ce que l'instruction
parmi les femmes est une exception ; dès lors la femme instruite est
tentée de s'enorgueillir d'un mérite qui devrait être regardé comme
naturel. Dans un village, l'enfant qui sait bien lire et écrire au
milieu de camarades ignorants, se croit une exception et s'imagine
être destiné à devenir un monsieur; il quitte la charrue et prétend
à un emploi de bureau. En Amérique tout le monde sait lire et écrire

et les savants de l'école primaire restent à la charrue et charment
seulement leurs veillées par la lecture.

On peut comparer à ces beaux esprits de village les femmes qui
prétendent au titre de femme savante. Mais si les femmes regardaient
toutes le travail comme un devoir, comme un secours, comme une
nécessité de leur situation, une pratique commune soutiendrait leurs
efforts, sans les exposer à la vanité. Les femmes supérieures s'élève-
raient jusqu'au talent ; et toutes auraient trouvé pour leur âme cet
aliment si fort contre l'ennui, contre les folies de l'imagination, qui
s'appelle l'étude.

Sans doute, et c'est par là que je résume cette discussion, sans
doute cette culture intellectuelle peut présenter trois périls, mais le
remède est facile.

1° *La négligence des devoirs matériels*. — Il faut prévenir ce péril
en fortifiant l'éducation pratique, en donnant aux jeunes filles l'habitude de l'ordre, de la régularité qui double le temps et fixe dans la
vie une place à chaque devoir ; et surtout l'habitude d'une vraie
et solide piété qui n'est autre chose que l'accomplissement coura-
geux de tous les devoirs.

2° *L'exaltation de l'imagination*, qui donne des besoins de jouissances intellectuelles, que l'on ne trouve pas toujours à satisfaire.

Mais ici encore, il y a moyen de tout équilibrer. Le point important est que l'éducation réponde aux dons de Dieu sans les dépasser
ni les étouffer : ils portent d'ordinaire avec eux le contre-poids de
leurs périls. Une culture excessive est dangereuse, une culture in-
suffisante ne l'est pas moins. — La piété d'ailleurs est ici encore un
grand secours.

3° *L'orgueil*. — Il n'y a pour le prévenir que le bon sens cultivé chrétiennement. Il faut remarquer cependant que si la culture
de l'esprit, comme les agréments du corps, peut exciter l'orgueil,
l'étude a au moins un contre-poids ; elle met quelque chose de sérieux et de lumineux dans l'esprit, tandis que les succès dus à la
beauté et à la toilette ne sont jamais que frivoles ou mauvais.

L'orgueil, oui, voilà, j'en conviens, une raison spécieuse pour soutenir les systèmes restrictifs de l'intelligence féminine. On veut leur conserver une modestie qui est, dit-on, leur plus bel ornement. Je suis

parfaitement d'avis que la modestie est non-seulement une vertu, mais un grand charme. *Mais il n'est point du tout clair pour moi que l'ignorance en soit la meilleure gardienne.* Je dirai encore que, prise en un certain sens, elle est vertu païenne, c'est-à-dire fausse ou très-imparfaite. Donnez à une femme, toute la science, tous les talents, tout le développement dont elle est capable : donnez-lui en même temps l'humilité chrétienne, et elle sera ornée d'une simplicité et d'une modestie bien plus vraies et bien plus aimables qu'une pauvre Indoue, qui se croit un animal d'une espèce un peu supérieure aux guenons de la basse-cour, mais bien inférieure à la nature de son mari. Cette humilité éclairée sera une vraie vertu, et elle deviendra la mère de plusieurs autres vertus ; et l'inspiration d'un plus haut désir de perfection. Car, l'humilité n'empêche point de reconnaître le progrès que l'on fait ; comme elle ne ferme pas les yeux sur le mérite d'autrui, elle nous fait voir ce qui nous manque, et fût-on parvenu au faîte du savoir et de l'habileté humaine, elle nous montrerait encore en toutes choses un idéal supérieur qui excite les efforts sans amener l'orgueil ni le découragement.

Qu'on se persuade bien d'ailleurs qu'un esprit cultivé est de tous le plus propre à comprendre ses devoirs. C'est l'humilité intelligente, c'est-à-dire la vraie modestie, qui préserve de la pédanterie.

Dans les femmes instruites, souvent ce n'est pas l'instruction qui déplait, c'est la prétention.

Si j'insiste, c'est que les adversaires insistent le plus eux-mêmes ici. La vanité ! Voilà, répète-t-on, le grand péril. — Mais, je répète à mon tour, l'éclat que peut donner à une femme un talent littéraire ou artistique n'est pas le plus grand écueil de vanité qu'on ait à redouter pour elle. Je l'ai dit, une vaine beauté, des triomphes dans le monde, remplissent bien autrement un cœur de lui-même, et ce danger-là n'a pas son correctif dans la cause même qui le produit.

L'étude, les arts, en élevant une âme, servent de contre-poids aux sentiments vaniteux qu'ils pourraient exciter ; et je ne vois guère de garantie pareille dans les succès obtenus par des avantages d'un autre genre.

Tout se résume à dire que les grands dons portent avec eux un danger contre lequel l'éducation doit fortifier d'avance. L'éducation doit s'adapter aux natures diverses; en développant les germes que Dieu y a déposés, elle doit diriger avec fermeté ce développement, en prevenir les écarts et les travers. C'est à elle aussi de susciter un développement moral en rapport avec le développement intellectuel; d'équilibrer la vie idéale et la vie pratique qui s'excluent moins qu'on le croit, et dont l'harmonie seule constitue la dignité de l'existence.

« L'exemple de l'Allemagne, dit quelque part Alfred Tonnelé, prouve que la vie de famille, la vie de ménage, que l'habitude des affections vraies et simples, n'exclut pas la culture et l'élévation de l'esprit chez les femmes; qu'elle la développe au contraire et l'assainit. Les plus frivoles, les plus vides, les plus vaines, ne sont-elles pas celles qui se sont le plus affranchies des soins de la maison, et s'aperçoit-on que cette belle indépendance ait tourné au profit du sérieux ou même de l'ornement de l'intelligence? »

Je l'avoue du reste, l'éducation est plus importante, plus difficile, quand elle s'adresse à une riche nature ; mais elle est aussi plus belle, plus consolante à faire.

VIII

LE TROISIÈME ÉTAGE.

J'en demande bien pardon aux dames que l'on appelle du *grand monde* ; j'ai à leur dire ici une vérité pour elles seules, une vérité moins agréable, et la voici :

C'est dans le grand monde que les femmes studieuses sont rares, c'est là qu'elles sont obligées de cacher leur valeur. Quelle étrange tyrannie de la fortune! Elle donne aux femmes des loisirs et elle leur ôte le droit d'en user pour le développement de l'intelligence! C'est à vous, dames du grand monde, qu'il faut prêcher le travail, et les femmes moins riches n'ont pas en général besoin de ce sermon. Dans les vies modestes où le travail est la condition nécessaire du bien-être de la famille, les femmes distinguées sont nombreuses. C'est dans l'intérieur de l'artiste, du savant, du médecin, de l'avocat, du juge, du professeur, que l'on trouve plus souvent ces femmes studieuses, capables, qui comprennent les arts, qui possèdent elles-mêmes de vrais talents, qui sont très-instruites, sans que personne songe à les appeler des *femmes savantes*, parce que leur intelligence est l'honneur, le trésor de la famille, et qu'à l'aide de cette intelligence elles assurent l'aisance, le bien-être de la maison, et même ce luxe délicat où la richesse n'a aucune part et dont le goût de la femme fait tous les frais. La forme des meubles est jolie, leur arrangement gracieux, des gravures rappellent les œuvres d'art préférées, et révèlent ce qui est aimé, admiré dans la maison. Des fleurs, des tableaux, des livres, une bibliothèque pas très-considérable mais très-bien choisie[1], de la musique, des ouvrages agréables, tout prouve un intérieur où l'on vit beaucoup, d'où l'on sort peu, et où se trouve le bonheur. Ce n'est pas une de ces demeures vides et magnifiques dont les maîtres sont toujours ab-

---

[1] Certaines femmes n'ont pas de livres parce qu'il leur faut des éditions et des reliures de luxe. Elles ne considèrent pas les livres comme des secours pour l'étude, mais comme des ornements qui ajoutent une élégance de plus à toutes celles de leur demeure.

Il est étrange de le dire : mais il suffirait, pour se faire une bonne bibliothèque, du prix que l'on met à une seule toilette de bal !

Quelqu'un me disait : J'ai renoncé à lire, car il n'y a que les gens très-riches qui puissent avoir des livres.

Je lui ai répondu : Ordinairement, ce sont les gens très-riches qui n'en ont pas.

En effet, c'est par exception que l'on rencontre le goût et les instruments du travail dans certaines familles opulentes, où le monde entraîne tout et où le temps et l'argent suffisent à peine aux exigences dont il fait une loi.

Au contraire, dans beaucoup d'intérieurs modestes et bien réglés, on sait faire la part de la vie intellectuelle, et le sacrifice qu'on s'impose pour la cultiver est précisément ce qui la féconde.

Telle femme dépense 6,000 francs pour sa toilette, qui recule devant l'acquisition d'un volume in-12. Telle autre, qui a 6,000 francs de rente, trouve le moyen de se procurer ou de faire lire à ses enfants tous les bons ouvrages contemporains.

sents, poursuivant le plaisir avec une activité fiévreuse, et fuyant
l'ennui d'un *chez soi* qui n'a d'attrait que pendant qu'on le meu-
ble, et qui devient fastidieux dès que les fauteuils dorés sont à leur
place. Dans ce petit appartement du troisième étage, la mère est entourée de ses enfants. Elle les élève elle-même ! Grâce à Dieu, elle y
est obligée ; et comme elle en est récompensée ! Elle règne sur ses en
fants, qui comprennent les mérites et les sacrifices de cette mère et
qui la chérissent. Ils savent bientôt le bonheur d'être nés dans une
condition où les mères n'ont pas assez de fortune pour payer des
domestiques, des gouvernantes et des gouverneurs qui les rempla-
cent. Aussi quelle différence entre les deux éducations ! Les fils sont
les premiers au collège et dans les écoles ; les filles reçoivent ces éducations supérieures que je voudrais donner pour modèle aux jeunes
filles du monde. Elles veulent être égales à leurs mères qui travaillent avec elles, qui les dirigent, les suivent, s'intéressent, s'asso-
cient à leurs travaux. La loi du travail pèse sur la mère plus que
sur toute autre créature ; l'âme de ses enfants est le champ qu'elle
doit cultiver à la sueur de son front ; personne n'a grâce pour la
remplacer, et si les éducations les plus complètes se font dans les intérieurs modestes dont je parle, c'est l'honneur de ces mères laborieuses. Que de jeunes gens doivent leur goût grossier pour les
chiens, pour les chevaux, aux mercenaires qui les ont élevés ! Une
mère met d'autres goûts et d'autres ambitions au cœur de ses enfants, lorsqu'elle les élève elle-même. Quelquefois une inquiétude
vient traverser son âme ; elle se demande si elle pourra armer
d'assez d'honneur et de foi la conscience de ses enfants, pour leur
inspirer le courage de porter à leur tour aussi une vie modeste,
sans jamais consentir à gagner la fortune par une bassesse. Inquiète,
elle redouble de soins pour cette éducation, qu'elle sait être leur
dot, et elle devient plus attentive, plus vertueuse, plus courageuse,
pour transmettre à ses enfants l'admirable fierté de son âme, et
leur mériter cette grâce du ciel.

Et les enfants qui voient les labeurs de leur mère ont un besoin
secret de la soulager et de la récompenser. La volonté de bien faire
est plus vivante dans ces asiles du bonheur modeste, et la joie du
devoir accompli fait que chacun est content de son sort, content de

Dieu. La journée entière est active, le père est à son travail; la mère gouverne la maison, mène les enfants aux cours, au catéchisme; le soir chacun est fatigué du travail du jour et désire rester à la maison. C'est l'heure du repos, des jeux des enfants, l'heure des causeries, des lectures, de la musique, de l'intimité, de la gaieté. La journée finit paisiblement sans cet étourdissement du monde qui, même pour la vertu des femmes les plus chrétiennes, est une si grande épreuve.

Une mère ainsi occupée ne peut jamais songer à se livrer au travail pour une chose qui l'intéresse personnellement. Elle n'en a pas le temps. Elle a travaillé étant jeune fille, étant jeune femme. A présent, elle est toujours au service des autres. Mais ce travail désintéressé, qui est à la fois travail et sacrifice, élève son âme et son intelligence mieux que tout autre emploi de ses facultés. Il n'y a pas à craindre pour elle la vanité ni le pédantisme; et, pourtant quel travail immense pour donner des leçons à ses enfants! On est émerveillé des tours de force que l'amour maternel fait faire à une mère qui veut suffire à son rôle. Ne vous étonnez pas alors de la trouver si capable, si élevée, si active, si intelligente, si indifférente aux vains bavardages et aux coquetteries frivoles du monde.

Dans ces intérieurs modestes, je retrouve encore le modèle du serviteur. On dit beaucoup aujourd'hui : « *Il n'y a plus de bons serviteurs;* » on parle des serviteurs d'autrefois. Lisez Molière, lisez les ordonnances de police du temps de Louis XIV[1], et vous verrez que les valets des grands seigneurs étaient alors pires que ceux d'aujourd'hui. Les serviteurs d'autrefois n'ont pas plus disparu que les vertus d'autrefois. Ces vertus règnent dans les intérieurs simples et laborieux, et c'est là qu'il faut chercher aussi les serviteurs dévoués. Ne demandez pas qu'on travaille dans les séjours de l'oisiveté magnifique. Les serviteurs des désœuvrés sont bientôt désœuvrés; ils suivent de loin instinctivement l'exemple du maître, ils se mettent au ton de la maison, prennent des dehors irréprochables avec des habitudes paresseuses. Le serviteur s'aperçoit sans peine qu'il ne sert qu'à une parade de vanité; il en abuse bien

---

[1] *La Police sous Louis XIV*, par Pierre Clément.

vite et, pour se venger de l'infériorité de sa condition, même en ne se moquant pas de son maître, il n'a souvent qu'à l'imiter. Mais cette femme dévouée, courageuse, qui est la première au travail, transforme l'âme de ses serviteurs et élève leur service à la hauteur du dévouement. Il n'y a certes pas ici d'étiquette ni cette apparence de parfaite discipline qu'on admire quelquefois ailleurs. Non! les bons serviteurs, dont la condition n'est pas à une distance incommensurable de celle de leurs maîtres, prennent une autre livrée, la livrée des vertus qu'ils contemplent de près; ils respirent un air sain et fortifiant, et dans cet atmosphère de travail, d'honnêteté, de confiance, maîtres et serviteurs sont heureux. Que je pourrais citer d'hôtels splendides, habités par l'ennui (je ne parle pas de la discorde!) et que de bonheur et de dignité j'ai souvent rencontrés au troisième étage!

Je dois ajouter toutefois, pour être juste, qu'on ne rencontre pas toujours, il s'en faut, ces vertus au troisième étage, ni cet ennui et cette oisiveté dans les grands hôtels. Là aussi, quand règne le travail, avec la foi chrétienne, j'ai vu de bien grandes vertus.

IX

LA MAUVAISE ÉDUCATION ET LES PRÉJUGÉS.
LE REMÈDE.

Mais les éducations, telles qu'on les donne aujourd'hui, rendent-elles souvent de tels services? Je réponds avec tristesse : non. Trop souvent, les éducations, telles qu'on les donne aujourd'hui, ne savent résister ni aux dissipations du monde, ni aux moqueries ridicules que la sottise et l'ignorance prodiguent aux femmes studieuses.

L'étude suivie et la réflexion attentive, c'est ce qui manque le plus à l'éducation des jeunes filles et à la vie des jeunes femmes.

Là est le mal sérieux, presque toujours irréparable, et comme c'est à l'éducation qu'il remonte, je dirai en peu de mots ce que je pense de l'éducation des jeunes filles et des lacunes qui s'y rencontrent.

La vérité est, comme le disait Ozanam, qu'un traité de l'instruction des jeunes filles et des jeunes femmes reste à faire. Rien n'y est vraiment entendu comme il faut ; rien, ou presque rien n'y donne des fruits durables.

Ajoutez à cela les occupations, les entrainements d'une première année de mariage, et bientôt tout est abandonné, tout est oublié, même les arts d'agrément.

J'ai vu des jeunes filles recevoir pendant leur éducation des leçons de musique ou de dessin à 20, 30 fr. le cachet. Puis, au premier jour, elles cessent de cultiver des talents qui ont coûté si cher.

Je prends cet exemple, parce qu'il est le plus saillant : la plupart des jeunes filles passent sept ou huit années de leur éducation à étudier le piano, deux heures, souvent trois et quatre heures par jour. Mais cette étude à laquelle on donne tant de place, et qui pourrait ouvrir de beaux horizons à l'esprit et à l'âme, n'aboutit d'ordinaire qu'à ces *talents sans âme* dont parle Töpffer, qui empruntent quelque vie de la vanité seule, talents sans utilité dans la pratique, sans *racine dans l'esprit*, et qui ne survivent presque jamais au mariage.

Le charmant auteur qui s'élève avec tant de vivacité contre l'usage que l'on a fait des arts dans l'éducation des jeunes personnes, et ce que l'on appelle d'ordinaire les talents d'agrément, s'écrie :
« Que j'en ai vu et entendu de ces talents d'agrément, et combien
« peu d'agréables ! Les jeunes filles ne s'intéressent à rien, com-
« prennent peu, ne sentent pas... Je crois qu'elles pourraient au
« contraire chercher dans les arts, à côté d'une amusante récréation,
« une onction pour le cœur, un exercice à l'esprit, une carrière à
« l'imagination, et trouver à tant de facultés, que les occupations
« ordinaires des femmes tuent ou laissent oisives, un perfectionne-
« ment qui est comme la parure de l'âme. »

Au lieu de cela, la musique est une étude en quelque sorte matérielle, et qui ne s'élève presque jamais jusqu'à l'âme, pas même jusqu'à l'intelligence la plus vulgaire de l'art !

La plupart des jeunes filles ne cherchent dans la musique que la perfection du mécanisme. Elle ne pénètrent pas dans le sanctuaire de l'art et n'y trouvent rien qui élève, qui exerce les nobles facultés. Combien qui passent quatre heures par jour au piano, et qui n'ont aucune connaissance des maîtres, des écoles, des styles, aucun sentiment esthétique, ni le sens ni l'intelligence de ce qu'elles font. On a fait de la musique, dit le P. Gratry, un brillant tapage qui ne repose pas même les nerfs. Les maîtres ne s'inquiètent que de vous donner un doigté agile ; il en est bien peu qui cherchent à vous former un style, à vous faire comprendre et apprécier les auteurs, saisir l'enchaînement des idées musicales.

Aussi, après que ces pauvres jeunes filles ont passé leur vie au piano, leurs doigts exécutent avec habileté ce que leur esprit ne comprend pas. C'est à peu près comme si elles récitaient éternellement des morceaux écrits dans une langue qui leur serait inconnue.

Non, il faut faire de la littérature et de l'esthétique musicale en même temps que des études de mécanisme : autrement, c'est une sorte de barbarie.

En Allemagne, où la musique a une grande part à l'éducation des jeunes filles, on en fait quelque chose de plus sérieux. Elles apprennent l'harmonie, remontent du mécanisme à l'art.

On traite souvent le dessin de la même manière. J'ai vu des personnes qui dessinaient avec exactitude et même facilité, ne pas discerner un bon tableau d'un mauvais, ignorer si Raphaël fut le maître ou l'élève de Pérugin. Le talent même ne développait pas en elles le sens du beau.

C'est que le monde abandonne aux jeunes filles le domaine de la musique, à condition qu'elles n'y élèveront en rien leur âme et ne feront qu'y perdre leur temps ; et quant aux arts plastiques, le goût de la peinture commence déjà à éveiller des critiques, et M. de Maistre s'effrayait de voir sa fille peindre à l'huile. En un mot, on veut restreindre *les arts aux talents d'agrément ;* et les lois somptuaires sont encore plus sévères en ce qui concerne les études littéraires.

Sauf la musique et le dessin, à un certain âge, l'éducation d'une jeune fille doit être finie. — « Depuis ma dix-huitième année, m'é-
« crivait une jeune personne à laquelle je conseillais l'étude, quand

« je veux étudier, on me demande toujours si je n'ai pas fini mon
« éducation. » Finir son éducation, cela veut dire fermer livres et
cahiers; ne plus écrire que des lettres, broder, et cultiver des talents
d'agrément, quand on en a.

Mais, dit-on, on enseigne cependant aux jeunes filles, pendant
leur éducation, une multitude de choses. Eh! sans doute, et c'est
ce dont je me plains : les jeunes filles ne doivent pas passer d'exa-
men de bachelier, et toute leur éducation tend à leur donner des
notions générales très-étendues, et très-superficielles. Rien de sérieux, rien de grave, rien de profond; de tout un peu ; mais qui ne
sait qu'on perd en profondeur ce que l'on gagne en surface, disait
un ministre intelligent. Sans doute le cadre est immense. Je vois
beaucoup de jeunes filles qui, en outre des études ordinaires, de
la géographie, de l'histoire, de la rhétorique, commencent à apprendre une où deux langues, jouent du piano, étudient le chant,
dessinent et peignent, apprennent à exécuter tous les ouvrages de
fantaisie, qui se succèdent selon les caprices de la mode, tels que :
polychromanie, fleurs en cuir, etc., etc. Il est évident qu'une vie et des
efforts ainsi éparpillés ne peuvent amener un vrai résultat. Et j'ai
entendu de sages institutrices gémir de l'obligation qu'on leur impose de remplir de tels programmes.

De cette sorte, on apprend un peu de tout, et on ne sait rien
comme il faut; on n'a pas acquis un talent développé, une faculté,
ni même un goût sérieux pour quoi que ce soit.

Ces demi-talents, ces goûts d'étude superficielle n'avancent à
rien; car, s'il est un danger dans l'étude des lettres et des arts,
c'est précisément quand on les arrête au point marqué par M. de
Maistre.

Des notions générales, et pas de connaissances solides, des arts
d'agrément et pas de talents sérieux; rien qui élève l'âme et donne
un aliment à l'esprit : c'est juste ce qu'il faut pour paraître un moment, et non pour être quelque chose et quelqu'un; juste ce qu'il
faut pour ne plus rien faire, dès qu'elles sont sorties du couvent.

Or, c'est précisément le contraire qu'il faudrait, si on voulait
avoir des femmes sérieuses, appliquées, utiles un jour à leurs maris
et à leurs enfants.

En vérité d'ailleurs le monde a des indulgences et des exclusions qu'on a de la peine à s'expliquer. On approuve, et on fait bien, une jeune fille qui parle deux ou trois langues vivantes. Mais si, suivant le conseil de Fénelon, vous avez appris un peu de latin, cachez cette étude *comme un péché*, ou vous êtes, comme on dit, un *bas-bleu*. On vous passera aussi très-difficilement le goût des lectures sérieuses, des études historiques. On m'a parlé d'une jeune femme qui s'est attiré une de ces admirations qui contiennent une amère critique, de la part de personnes pourtant assez intelligentes, parce qu'il lui est arrivé de dire qu'elle lisait *le Correspondant*.

Les mêmes personnes ayant découvert qu'elle tenait à se réserver les heures de la matinée pour l'étude, ont témoigné un grand étonnement, et l'ont traitée de savante.

Ce qu'on appelle l'étude : écrire pour se rendre compte de ce qu'on lit, prendre des notes, résumer, etc, cela n'est pas permis aux femmes, surtout en province. On admet à peine la lecture et toujours dans des bornes restreintes. J'ai connu une jeune femme qui a encouru le blâme général, parce que la première année de son mariage, elle ne recevait de visites et n'allait en faire que depuis quatre heures, pour se réserver quelques heures d'étude, ce que, par parenthèse, son mari approuvait fort.

Les jeunes filles devraient regarder leurs premières études achevées comme le commencement des travaux qui doivent remplir leur vie. Et les jeunes femmes devraient, dès leur mariage, établir le travail comme un des devoirs de leur règlement. Plus tard elles seront débordées par les soins de l'éducation de leurs enfants, dont elles doivent s'occuper elles-mêmes, et ne pourront plus travailler à leur gré.

Mais alors, si elles ont pris l'habitude du travail, cette précieuse habitude reste comme une consolation inestimable, qu'on se donne sitôt qu'on a une heure de liberté. Elle reste surtout pour remplir le vide qui se fait, à l'époque où les enfants échappent aux mères, et où elles se retrouvent avoir du temps, sans la jeunesse, ses joies et ses inappréciables forces.

Le travail est un ami fidèle qui se fait à chaque âge, à chaque disposition, pour l'âme qui l'a pris comme compagnon à travers la vie. Le travail donne la gaieté au dehors et la sérénité au dedans.

Pour donner aux femmes l'habitude du travail, il faudrait donc d'abord mettre dans la tête des jeunes filles que leur éducation n'est pas finie à dix-huit ans, et que la première robe de bal n'a, pas plus que le diplôme de bachelier pour les jeunes gens, la vertu de donner à leur science son parfait achèvement. Elles savent à peine alors les notions premières qui leur permettent de travailler seules. Elles n'ont plus besoin de lisières dans leur éducation, et voilà tout. Elles sont prêtes seulement à marcher et à jouir par elles-mêmes du plaisir de travailler. Si une jeune fille pouvait croire cela, son avenir sérieux serait assuré. Mais au contraire l'usage est qu'une jeune fille fasse du français et de l'histoire jusqu'à quinze ans; puis, de quinze à dix-huit surtout du piano et du dessin. Puis, vient cette robe rose, ce couronnement de l'éducation, ce grand jour qu'elle a rêvé : elle va dans le monde et se marie, bien décidée à laisser là tout travail, et tout le monde l'y encourage ; car un des bonheurs rêvés du mariage, c'est ne plus rien faire. Et ainsi elle perd les premières années si précieuses de sa vie de femme, ces années où on a du temps, et cette flamme que la jeunesse et le bonheur peuvent seules allumer ; cet épanouissement de l'âme, *ces yeux illuminés du cœur ; Illuminatos oculos cordis*, comme dit saint Paul, qui donnent au travail la facilité, l'élan, l'horizon, la puissance. Mais non, il faut que tout se perde, se dissipe et quelquefois s'abîme dans ces premières années, même le bonheur ! Et cependant, le travail aurait une secrète puissance pour faire échapper parfois au tourbillon du monde et donner à cette jeune femme le calme et le recueillement dont elle a besoin, ne fût-ce que pour jouir de son bonheur : mais non, on gaspille, on dilapide tout.

Puis arrivent les années où tout ce mouvement de la jeunesse s'apaise, le vide se fait, la beauté passe, l'ennui arrive, et on n'a rien à lui opposer. Les enfants sont au milieu de leur éducation, on ne peut les suivre ; cette mère qui ne sait pas le prix du travail est toujours prête à excuser la paresse des enfants, et malgré cette faiblesse, les fils, lorsqu'ils sont grands, comptent pour bien peu leur mère, et se croient vite au-dessus d'elle.

Je ne puis tout dire ici, et faire tout un traité d'éducation ; je dirai seulement, en résumé, que le principe essentiel à entendre est celui-ci : il faut élever une jeune fille *d'une manière complète.*

Qu'est-ce à dire ? C'est développer son intelligence, son cœur, sa conscience, son caractère, en même temps que ses facultés pratiques, sans négliger sa santé, ses forces physiques, ni même, dans la mesure convenable, ses agréments extérieurs; c'est, en un mot, la rendre capable de s'associer, non-seulement à la vie, mais à la pensée de l'homme, et de réaliser dans le mariage l'union intellectuelle qui est le complément de l'union morale et de la communauté d'intérêts.

On distingue quelquefois chez les femmes ce qu'on appelle la *femme essentielle*, la *femme agréable*, et la *femme d'esprit* : la femme essentielle, celle qui entend le ménage et les affaires; la femme agréable, celle qui plaît dans le monde; la femme d'esprit, celle qui sait lire et causer.

Eh bien, dirai-je, la femme, pour être ce qu'elle doit être et remplir sa mission, doit associer ces trois choses. Unies, elles forment un être harmonieux que je nommerai la *femme distinguée*, c'est-à-dire la femme capable de tout animer dans sa famille, de tout comprendre, et d'agir; la femme qui sait être aimable sans être légère, soigneuse de sa personne sans être frivole; la femme qui gouverne la vie en se pliant à ses exigences; qui en accepte la partie matérielle sans la négliger, mais sans s'y absorber; qui en fait, si je le puis dire ainsi, le piédestal d'une vie plus élevée. Son âme puise alors dans les nobles sentiments et les principes solides le courage de tous les dévouements; son intelligence trouve dans le culte du beau, dans le commerce des grands esprits et l'habitude des solides pensées, ce sens élevé que Joubert appelait le sens exquis, et, qu'il voulait faire pénétrer dans le bon sens pour rendre celui-ci plus que jamais le maître de la vie humaine : maître sage et soigneux des intérêts matériels comme de tous les autres, et qui, dans cette science supérieure à toutes qu'on appelle la science de la vie, sait en coordonner tous les éléments, faire à chaque besoin de l'âme et du corps, aux aspirations de l'esprit et aux convenances sociales, la part conforme à l'ordre, au devoir et à la dignité de l'âme humaine.

Mais comme tout ceci est difficile, et que les forces humaines sont courtes, et comme la grâce divine est l'auxiliaire nécessaire de notre faiblesse, j'ajouterai que la femme chrétienne est l'élément, le fond essentiel de ce que j'appelle une femme complète : je lui demande donc la piété, la vraie piété, c'est-à-dire l'entente intelligente et la pratique courageuse de tous les devoirs, cherchée dans le secours et la lumière d'en haut, puisée dans la prière et les rapports intimes de l'âme avec Dieu.

Sans doute, élevez la femme pour l'homme, dont elle doit être la compagne ; mais élevez-la aussi pour elle-même et pour Dieu : pour elle-même, car elle a de grands devoirs qu'elle doit accomplir dans toute leur étendue, et sans lesquelles elle n'a pas toute sa dignité, et pour cela toutes ses facultés lui sont nécessaires, et la grâce de Dieu encore plus ; pour Dieu, qui en créant un être capable d'atteindre un degré de perfection, l'exige par cela même, et lui demandera compte de ce qui lui a manqué par sa faute pour accomplir l'œuvre à laquelle il le destinait.

Reconnaissons toutefois que la part de culture intellectuelle nécessaire à la femme n'est pas dessinée comme celle de l'homme, et c'est ce qui fait la particulière difficulté de l'éducation des femmes. Il faut que leur culture intellectuelle au besoin les associe à tout et ne les laisse étrangères à rien, sans avoir pourtant un emploi direct et immédiat comme l'instruction des hommes. Le meilleur stimulant des femmes est le goût même du beau qui trouve sa récompense dans les nobles jouissances qu'il procure, dans la dignité qu'il communique à un être, et le secours qu'il lui donne.

Quoi qu'il en soit, le principe qui, selon nous, doit tout dominer dans l'éducation des femmes est incontestable. Si l'on sépare en elles ce qui doit être uni, à quoi arrive-t-on? On a la femme essentielle, c'est-à-dire la femme pédante à sa façon, ennuyeuse, sans grâce, incapable de gouverner autre chose que la vie matérielle ; la femme d'ornement, c'est-à-dire la femme frivole, régnant sur le chiffon, ou plutôt se laissant gouverner par lui ; enfin, une variété de la femme d'esprit ou de la femme de lettres, qui oublie, pour contrefaire l'homme, le charme, les dons, et aussi les devoirs de son sexe[1].

---

[1] « Je ne sais pourquoi, m'écrit-on, l'extérieur des femmes adonnées à la culture « intellectuelle est presque toujours sans goût, un peu ridicule, dépourvu du « charme féminin, et surtout de la grâce extérieure, dans la personne et dans les « vêtements. *D'où cela vient-il ?* »

X

LA PRATIQUE.

Mais enfin, et pour arriver encore plus à.la pratique, quelles sont
les facultés que les femmes doivent cultiver en elles? Sont-ce donc
les mêmes facultés que chez les hommes? Leur faudra-t-il étudier
les sciences exactes, la politique, le secret du gouvernement, l'art
militaire? Est-il question d'en faire des Judith, des Jeanne d'Arc, des
Jeanne Hachette? ou des Hermengarde, fondatrice et régente du second royaume de Bourgogne, des Marguerite d'Albon, des Isabelle de
Castille, des Marie-Thérèse?

Evidemment non! Il s'est rencontré des femmes, qui ont pu être
et qui ont été tout cela : ces exceptions, c'est la Providence qui les
crée. Il serait ridicule de les demander à l'éducation des femmes,
auxquelles nous ne refusons pas pour cela les vocations exception-
nelles du génie, du courage et de la vertu.

Les femmes sont faibles de corps; mais il ne faut pas calomnier
leur esprit; elles en ont souvent beaucoup, et toujours un grand fond
de bon sens, qui ne demande que de l'emploi. Qui n'a vu de quelle
finesse et de quelle sensibilité délicate le ciel les a douées, combien
naturellement elles peuvent exposer leur âme aux rayons vivifiants
du beau et du vrai?

Je n'accepte pas ce qu'une femme écrivait : « Nous effleurons,
« et nous avons l'air de savoir, nous ouvrons un livre, nous feuille-
« tons quelques pages et nous voilà en état d'en parler, de louer ou
« de blâmer, de conseiller ou de proscrire. » Je n'accepte pas cela.
Mais dans le vrai, quelle facilité elles ont pour tout ! Comme elles savent à peu de frais s'assimiler ce qui leur convient, de rien faire
quelque chose et de quelque chose faire beaucoup. Dieu, qui ne les
destinait pas à de dures et abstraites études, les a douées d'une

perspicacité et d'une intuition merveilleuses. Elles parlent rarement d'affaires, cela les fatigue et les ennuie ; cependant si les circonstances exigent leur participation, elle est presque toujours utile et sensée ; et l'on a remarqué que, généralement, ce sont elles qui relèvent la fortune d'une maison. Veuves, elles refont la fortune de leurs enfants.

Il est du reste toujours bien entendu que dans cette espèce de revendication pour la femme de ses droits à l'étude, je ne donne à l'étude que sa part dans les occupations de la vie. Il est clair que les soins de la maison, du ménage, ont la première place, et que son mari, ses enfants, ses domestiques sont la première occupation d'une femme qui comprend la hiérarchie de ses devoirs. Mon avis, si on veut que je le précise, serait tout simplement que, en règle générale, elle se réservât dans sa journée au moins deux heures, trois, s'il se peut, pour la vie, la culture intellectuelle.

A vrai dire, tant que les femmes se contentent de lire, de regarder et d'écouter, on ne leur fait pas grande querelle, et les hommes supportent volontiers de les voir faire partie de leur auditoire. Mais si les mouvements profonds de la vie intérieure s'élèvent plus haut chez elles, si elles cherchent dans un travail qui réponde aux aspirations de leur âme l'expansion que leur âme ne trouve pas au dehors, on a peine à le souffrir.

Il en est qui sont nées artistes, c'est-à-dire possédées du besoin de donner une forme à leur pensée, au sentiment du beau qui les pénètre, et cela dans les circonstances propres à favoriser en ce sens le développement de leur nature. Mais c'est précisément l'exercice de cette faculté créatrice qu'on leur refuse et que je m'étonne de leur voir refusé, quand elles l'ont reçue de Dieu.

Vainement M. de Maistre dit-il que « les femmes n'ont jamais « produit un chef-d'œuvre ; et que, quand elles veulent émuler « l'homme, elles ne sont que des singes. »

Vainement il ajoute avec plus d'impertinence qu'il ne convient :

« Je les ai toujours trouvées incomparablement plus belles, plus « aimables et plus utiles que les singes. J'ai dit seulement, et je ne « m'en dédis pas, que les femmes qui veulent faire les hommes ne « sont que des singes

Et encore : « Le chef-d'œuvre des femmes, dans les sciences, est
« de comprendre ce que font les hommes. »

M. de Maistre ne tarde pas à se contredire et à se réfuter lui-même :
« Il ne faut rien exagérer... dit-il; *La belle littérature, les mora-*
« *listes, les grands orateurs,* etc., suffisent pour donner aux femmes
« toute la culture dont elles ont besoin. »

Puis bientôt il se félicite d'avoir une fille qui lit, goûte saint Augustin, et qui « aime passionnément les belles choses dans tous les
« genres; elle récite également bien Racine et le Tasse; elle dessine,
« elle touche du piano, elle chante fort joliment; et comme elle a
« dans la voix des cordes basses qui sortent du diapason féminin,
« elle a de même dans le caractère certaines qualités graves et fon-
« damentales, qui appartiennent à notre sexe quand il s'en mêle, et
« qui régentent fort bien tout le reste[1]. »

Certes, cela nous suffit, et je ne discute plus avec M. de Maistre.
Au fond nous sommes du même avis; et je ne m'adresse plus qu'aux
préjugés du monde.

Il y a donc, de l'avis même de M. de Maistre, comme études possibles pour les femmes :

1° *La belle littérature,* les Lettres, agréables et sérieuses, qui sont
un champ très-vaste, et offrent un charme aussi solide qu'étendu :
n'y eût-il que l'*histoire,* c'est immense. Il y a même une *philosophie,*

---

[1] Il faut remarquer que très-heureusement M. de Maistre n'a pas réussi avec mes-
demoiselles ses filles dans ses théories d'éducation si restrictives, et il dut s'en féli-
citer; car il s'adressait à deux personnes qui étaient parfaitement douées pour les études
littéraires et linguistiques, et qui, tout en pratiquant pendant les dures épreuves de
l'émigration le taconnage tant recommandé par leur père, apprirent le latin comme
d'excellents humanistes, lisaient et traduisaient pour leur père les philosophes anglais et allemands, et savaient assez de grec pour copier les manuscrits paternels et
corriger ses épreuves. Il faut dire aussi, pour être juste, que M. de Maistre écrivant
pour des personnes élevées dans un milieu très-littéraire, et fort portées d'ailleurs
par leur nature aux travaux d'esprit, avait moins à les pousser sur cette pente qu'à
les prémunir contre les écueils qu'elles pouvaient y rencontrer. Et enfin, pour ne
pas se montrer plus sévère qu'il ne convient à l'endroit de certaines expressions,
il faut se souvenir que M. de Maistre parlait dans tout le laisser aller d'une correspondance familière entre un père et ses enfants, et avec toute l'originalité de sa
vive et brusque nature. Mais au fond, et à y regarder de près, il n'est pas aussi res-
trictif de l'éducation des femmes que semblent le dire ceux qui se font contre la
culture intellectuelle des femmes une autorité de son nom.

dont leur esprit est parfaitement capable, et dont les notions au moins essentielles sont nécessaires pour fixer la mobilité naturelle de l'esprit et en assurer la justesse : *apprendre à une femme à raisonner juste*, et par conséquent *à mettre le devoir avant tout*, c'est avoir fait son éducation essentielle, telle qu'elle est nécessaire à toutes les classes, à toutes les conditions.

2° Les *Arts*, qui vont si bien à leur imagination, à la grâce et à la délicatesse de leur nature.

Et ici, je ne peux m'empêcher de remarquer, avant d'aller plus loin, que l'on abandonne très-franchement aux femmes le plus dangereux des arts, celui qui est réellement le plus incompatible avec leurs devoirs et leur vocation, pour leur fermer ensuite les régions pures et élevées de l'intelligence. Beaucoup de détracteurs des femmes qui écrivent ou cultivent les arts, ne voudraient dans aucun cas supprimer les cantatrices et les tragédiennes.

Mais, me répondra-t-on, c'est précisément parce que les femmes artistes se dégradent plus ou moins que les femmes vertueuses ne peuvent pas l'être. Certes, je le pense comme vous et plus que vous; mais je ne puis pas ne pas vous dire : vous reconnaissez donc au moins que les femmes peuvent s'élever dans l'art, que quelques-unes d'entre elles en ont reçu la flamme et le don. — Mais si elles l'ont reçu, c'est pour en user; honnêtement, noblement, sans aucun doute; mais pour en user. Le fait même que vous constatez refute vos restrictions.

3° Si une femme peut exprimer le beau, elle le peut à l'aide de toutes les langues du beau. L'art est identique à lui-même dans son principe, quel que soit le mode d'expression qu'il adopte. Peinture, musique, poésie, éloquence: le beau exprimé par la parole, le beau exprimé par le style, ou par l'accent d'une voix inspirée, c'est toujours le beau qui a pris une forme sensible pour se rendre perceptible à notre âme par l'intermédiaire des sens. Seulement chacun est susceptible de le revêtir d'une forme qui ne se choisit pas. Si vous en permettez une aux femmes, et la plus frivole, la plus dangereuse de toutes, pourquoi leur défendre les autres? Ce n'est pas parce qu'elles s'abaissent avec l'art qui sert à vos plaisirs, qu'elles ne pourront se relever avec l'art noble, honnête et sérieux. Si une femme peut être cantatrice, elle peut être musicienne dans le sens élevé du mot, elle peut aussi écrire et peindre.

Cependant beaucoup d'hommes affirment nettement que les femmes ne peuvent et ne doivent pas écrire. Je m'étonne, quant à moi, que cette question qui paraît si claire à certains esprits, ait été si souvent discutée. On n'a pas pris tant de peine à démontrer que les femmes ne peuvent être ni généraux ni ministres, et je ne sache pas que l'exemple des femmes guerrières ait guère jamais été revendiqué par leurs pareilles.

Il me semble d'ailleurs qu'on serait aujourd'hui mal venu à contester aux femmes le droit d'écrire, quand ce sont trois ouvrages de femmes, les *Récits d'une sœur*, les *Mémoires d'Eugénie de Guérin* et les *Lettres de madame Swetchine*, qui ont été peut-être le plus lus en ce temps-ci.

J'ajoute qu'en écrivant, les femmes n'empiètent pas sur les droits de l'homme. « Elles ne cherchent point à émuler l'homme, s'exposant par là à devenir des singes. » Car, au bout du compte, qu'est-ce que M. de Maistre appelle « émuler l'homme? » Est-ce vouloir faire tout ce qu'il fait? Mais qui prétend cela? Il y a certaines choses qui lui sont exclusivement réservées et auxquelles les femmes feraient fort mal de prétendre. Mais s'il y a des points de séparation, il y a aussi un domaine commun où toutes les âmes peuvent se rencontrer. Tels sont l'art et la littérature : que dans ce domaine le champ même de la femme soit plus restreint, cela se peut encore; mais elle y trouvera sa place, et peut-être une place que les hommes ne sauraient pas aussi bien remplir.

Il y a des différences entre l'esprit de l'homme et celui de la femme, et on se fonde là-dessus pour prouver que l'un étant capable d'écrire, l'autre ne l'est pas. On pourrait tirer de ce fait la conclusion plus naturelle, que portant un génie particulier dans les régions intellectuelles, les femmes les exploiteront à leur manière, que leur talent s'adaptera de préférence à certains sujets plus délicats. Que sais-je encore?... Il faut dans un concert que toutes les voix dissemblables soient unies : peut-être aussi dans cette grande harmonie de la pensée humaine, exprimée par l'art, dans l'acception la plus large du mot, les femmes doivent-elles faire leur partie. Il y a des notes qu'elles seules savent faire résonner. Silvio Pellico a dit quelque chose de semblable, lorsque après avoir fait de vaines tentatives pour donner aux femmes un pendant *du Traité des devoirs des hommes*, il s'écriait : « Une femme seule peut composer un tel livre. » Le fait est que, quand une femme écrit, il y a toujours une certaine touche qui la fait reconnaître. Un auteur femme doit rester femme. C'est le moyen de rassurer les susceptibilités de M. de Maistre, et de se rassurer soi-même contre le danger « de devenir un singe en voulant émuler l'homme. »

« La femme est un être faible, ignorant, craintif, paresseux, a dit « Madame de *** ; qui a des passions violentes avec de petites « idées, qui est tout caprice et inconséquence... Sachant montrer « tous les jours des défauts aimables : trésor de cruauté et d'es-« pérance. »

Puis regrettant que ce type ait presque disparu, Madame de *** en cherche la raison : « Les femmes ont perdu en attraits ce qu'elles « ont gagné en qualités. »

« La femme n'est point faite pour partager les travaux de l'homme, « mais pour l'en distraire. » Et résumant en un mot l'erreur qui a perdu la femme, Madame de *** s'écrie enfin avec indignation : « La « femme a voulu devenir la compagne de l'homme. »

Ainsi être la compagne de l'homme au lieu d'être son joujou, être la femme chrétienne au lieu d'être la femme païenne, la femme qu'on respecte, sur laquelle on s'appuie, à laquelle on se confie, au lieu d'être la femme qui vous retient par un attrait passager, dont la frivolité vous amuse, et vous distrait des choses plus sérieuses : voilà, en effet, un coupable égarement !

Et c'est une femme qui affichait une telle doctrine.

4° J'ai dit, dans ma première lettre, en quelle mesure, selon moi, une femme peut s'occuper de sciences, et même d'agriculture. Cette dernière assertion a provoqué quelques étonnements. Je n'y répondrai ici qu'en citant quelques fragments d'une lettre, qu'une femme très-distinguée et très-sensée, et qui parlait de ce qu'elle pratique elle-même, m'a écrite à ce propos :

« Combien vous avez raison, monseigneur, de conseiller aux femmes de se mêler aux affaires, de savoir être sérieuses, de s'occu-

per même d'agriculture. Je le vois tous les jours par moi-même : à
présent que mes fils sont au service, que je me trouve séparée de
toute ma famille, toujours à la campagne, presque constamment dans
le tête-à-tête, que deviendrais-je, si ma mère, dès mon enfance, ne
m'avait donné l'habitude de m'intéresser à tout ce que je voyais et
à tout ce que j'entendais? L'agriculture, ses souffrances, ses progrès, voilà une source intarissable de conversations avec son mari,
avec les curés, les notaires de village, les fermiers, les voisins de
campagne, les petits bourgeois : sujet moins brûlant que la politique
et qui se peut aborder avec tous, selon la capacité de chacun. Mon
mari ne dédaigne pas de causer avec moi engrais, assolements; j'ai
mes théories sur le drainage, la betterave, le colza, et il trouve que
je suis *avancée*, peut-être trop; cependant il ne bâtit pas une étable
sans me consulter, et avant qu'un bail se signe, j'en dois entendre
deux ou trois fois la lecture. Je crois très-important pour elles et
pour leurs enfants, que les femmes entrent dans les affaires, dans
l'emploi des fonds, dans la direction de la fortune ; elles ne doivent
pas *décider*, mais *écouter* et *conseiller*. En général les maris ne demandent qu'à causer de tout cela à cœur ouvert, ce sujet les intéressant
plus que tout autre. Mais d'ordinaire on ne les écoute pas, on bâille,
on ne comprend rien ; le mari se tait, prend l'habitude d'administrer
seul, de faire à sa tête, c'est fini. Dans le commencement un jeune
mari dit tout ce que l'on veut bien entendre; plus tard il croirait
qu'on veut exercer sur sa gestion un contrôle, et plus ce serait nécessaire, plus il serait blessé. La capacité, le sérieux sont indispen-
sables à une femme. »

5° En un mot, cultiver tel art ou telle science qui leur plaît, s'effor-
cer même d'y atteindre un degré un peu éminent, je demande que les
femmes le puissent, sans qu'on les trouble dans ce très-honnête plaisir
par le terrible anathème, disons une dernière fois l'expression gros-
sière qui a cours, contre les *bas-bleus*[1]; car enfin, s'il y a des femmes

---

[1] Il faut aller une bonne fois au fond du préjugé et au sens du mot dans lequel
il se transmet, en dispensant ceux qui le répètent de se demander ce qu'ils pensent et veulent exprimer.

Un *bas-bleu*, qu'est-ce que cela veut dire et quelle est la véritable portée de cette
injure?

Dans la bouche de beaucoup de gens qui ne réfléchissent pas, et qui d'instinct qui, tout en s'occupant très-sérieusement et très-complétement du soin de leur ménage, s'élèvent au-dessus de la vie purement matérielle par le goût et l'intelligence du beau, y cherchent un plaisir délicat et des émotions pures, qui aiment enfin à cultiver leur âme, et que tous les intérêts de la vérité et du bien trouvent attentives, c'est une indignité que de le leur reprocher.

6° J'ai parlé aussi de la grande utilité pour une femme de résumer de temps en temps, avec suite, comme dans une sorte de journal

aiment à attaquer ce qui s'élève, peut-être pour tout mettre à leur niveau, le mot de *bas-bleu* désigne une femme qui *lit* et qui *cause*, et c'est le plus grand des griefs !

Car on permet à une femme de lire à condition qu'elle n'amasse que pour enfouir ; sans jamais avoir l'air de s'intéresser à autre chose qu'à l'éternelle toilette et cuisine ; à s'y intéresser d'autant plus qu'au fond elle s'en soucie moins, et a d'autres préoccupations. En un mot : il est permis de lire en cachette et défendu de se mêler à une conversation sérieuse. C'est ce qu'on appelle *se faire pardonner son savoir*.

En d'autres termes, refuser à la femme toute expansion, toute communication et commerce d'esprit, voilà ce qu'on entend ; et comme d'ailleurs on ne tolère pas qu'elle écrive, il faut lui supposer un terrible goût des livres pour espérer qu'elle puisse le cultiver ainsi d'une manière occulte, souterraine, sans y trouver une issue et un emploi, creusant dans son propre esprit une mine sans ouverture... c'est alors qu'on peut craindre les explosions.

On ne peut se figurer de quel ridicule on couvre ainsi les jeunes filles ou les jeunes femmes studieuses, de quelles moqueries on les poursuit dans certaines petites villes. C'est une véritable persécution, qui finit par leur faire un tort sérieux.

Je connais une jeune fille qui, pour continuer des études conseillées par son père et protégées par sa mère, était obligée de recourir à mille précautions et subterfuges. C'était à décourager une passion moins acharnée. Elle s'enfermait dans sa chambre, et au moindre bruit cachait les livres dont le format compromettant eût révélé la nature de ses travaux. Malgré toutes ses précautions, sa réclusion à certaines heures irritait tellement les personnes de la société qu'on l'avait nettement accusée d'être sauvage, impolie, et de vouloir se faire religieuse : ce qui explique aux yeux du monde toute espèce d'infraction à ses lois.

Il faut avoir une réelle énergie pour soutenir ce blâme universel, cette accusation d'originalité.

Pour les gens qui voient les choses de plus haut et justement, le mot *bas-bleu* désigne : 1° la femme qui a la prétention de la science, sans avoir autre chose ; qui tranche de ce qu'elle ne sait pas ; 2° la femme qui pose pour l'esprit, et qui n'a pas d'esprit, ou pas assez pour en faire un usage discret ; dont les connaissances sont indigestes, écrasant l'intelligence qui les reçoit au lieu de l'enrichir : en un mot un bas-bleu signifie tout bonnement une pédante ; mais il est bien permis de dire que c'est un adjectif qui n'a pas été créé pour les femmes et qui a bien aussi *son masculin*.

intime, ses impressions et ses réflexions, au moins sur les événements importants de sa vie. Mais il y a aussi un autre journal à faire
que celui de la vie intime de l'âme, et des événements d'ordinaire
restreints de la vie de famille. Une femme pourrait avoir à côté de ce
cahier, où la ramènent, non pas tous les jours (ce qui serait un abus)
mais de temps à autre les réflexions sérieuses et les sentiments profonds, elle pourrait avoir, dis-je, un second cahier, où elle écrirait
soit une analyse, soit même une phrase d'un discours ou d'une conversation qui l'aurait frappée, une remarque faite dans un voyage,
dans une course, dans une visite à un monument ou à une galerie,
souvenirs précieux à fixer, parce qu'ils sont d'une impression fugitive, et que, fixés, ils restent comme une conquête pour l'esprit.

On prend ainsi l'habitude de voir et d'écouter avec intelligence,
de s'assimiler ce que l'on a vu et entendu.

Quant au journal proprement dit, qui ne serait pas fait dans un
but sérieux et chrétien, ce journal me ferait peur.

7° Il y a par-dessus tout l'étude de la religion. Je m'y suis beaucoup étendu dans mon précédent écrit, *dans mes lettres aux
hommes et aux femmes du monde;* je n'ajouterai ici qu'une seule
chose :

C'est surtout dans les classes élevées, où la fortune autorise ce que
l'on peut appeler le luxe de l'éducation, que l'instruction religieuse
doit être poussée aussi loin que le comportent les facultés d'un jeune
homme et d'une jeune fille : dogme, morale, preuves de la religion,
explication des cérémonies, histoire ecclésiastique, ouvrages choisis
des Pères, grands orateurs de la chaire, vie des saints, etc..., j'ai dit,
et enseigné tout cela avec grand détail. — Je voudrais surtout que
dans le cours de l'éducation, il y eût une étude historique progressive
de ce qui concerne la religion. Les faits religieux sont d'ailleurs
mêlés intimement à ceux de l'histoire moderne; on ne peut avoir
une idée vraie de ceux-ci sans connaître ceux-là.

Reste à examiner la grande objection qu'on m'a faite et qu'on se
fait à soi-même, l'objection du temps. Les femmes ont-elles le temps
de se livrer au travail intellectuel?

Soyons de bonne foi, et convenons tout d'abord qu'il y a trois grands obstacles aux loisirs dont nous parlons : les conversations, la toilette, et la vie du monde.

Oui, le grand écueil de la vie intellectuelle pour les femmes, c'est qu'elles ont entre elles de longues heures de conversation, et j'ajoute, pas de sujets de conversation, si ce n'est la toilette, le ménage et les commérages.

Or, rien n'abaisse l'esprit et l'âme comme de parler à vide pendant des heures.

Il n'est qu'un moyen de remédier à ce mal :

Augmentez les heures d'étude, vous diminuerez par là même les heures de conversation, et vous leur donnerez pour aliments d'autres sujets que les sujets vulgaires où se traînent et s'épuisent tant d'esprits et tant d'âmes.

Quant à la toilette, assurément on ne peut trop l'attaquer, non-seulement comme une cause de ruine pour les femmes du monde, mais comme un dissolvant de tout esprit sérieux chez les femmes même vertueuses et chrétiennes.

La toilette, voilà ce qui prend le temps et use l'esprit des femmes ; ce qui les enlève à leurs devoirs domestiques, et non ces pauvres livres que vous leur disputez !

Tout observateur attentif le reconnaîtra comme moi : c'est le goût du monde et de la toilette qui les éloigne du ménage bien plus que le goût de l'étude.

Quant à moi, je puis dire que les femmes vraiment supérieures que j'ai connues, celles qui avaient la distinction réelle et non la prétention à la science, étaient des femmes pratiques modèles.

Il y a, par contre, certains intérieurs qui, sous tous les autres rapports, sont des modèles. Eh bien ! on y parle encore toilette plusieurs heures par jour. Il n'y a guère de préoccupations qui ne soient au moins momentanément effacées par l'intérêt de commander une robe ou un chapeau.

Toutes ces choses-là sont des affaires très-sérieuses ; la vie s'y passe, l'esprit s'y emploie, et s'y use.

Des mères apprennent à leur fille à considérer la toilette comme un de leurs intérêts et de leurs premiers devoirs, leur parlent et leur laissent parler toilette de longues heures par jour, et tout juger dans le monde d'après la toilette. L'occupation de la toilette, la visite des magasins, le choix des étoffes, les entretiens avec les marchands et les couturières, le temps passé avec les femmes de chambre, qui deviennent alors plus qu'il ne le faudrait les confidentes des jeunes filles, et quelquefois même des jeunes femmes, voilà, dans le fait, les grands obstacles aux habitudes du travail.

Disons aussi, car il serait injuste de n'accuser ici que les femmes, que des hommes même, bien futiles assurément, aiment passionnément ces toilettes et ce luxe. Eh bien! c'est quand on aura retrouvé pour les uns et pour les autres le bon sens sur ce point, qu'il y aura moyen de commencer sérieusement quelque réforme.

Tels sont deux des grands obstacles à la vie intellectuelle.

Ce n'est pas certes que je condamne les soins nécessaires de l'élégance convenable, et surtout, — loin de là — les communications réciproques en famille. Elles sont à la fois une nécessité et une douceur. Mais je ne saurais aimer que toutes les impressions produites par les objets matériels et les incidents de la journée s'expriment aussitôt et demandent une réponse immédiate. Les esprits alors se regardent toujours ; jamais ils ne se recueillent et ne permettent aux autres de se recueillir.

On pense là tout haut, parce que l'on pense peu.

Mais laissons les personnes frivoles et les vies inoccupées. Nous les condamnons comme vous, me dira-t-on. Mais comment une mère, qui doit tout son temps à sa famille, pourra-t-elle trouver celui d'étudier?

Dans cet écrit, il est à peine besoin d'en faire la remarque, c'est des femmes de la classe aisée que je m'occupe ; par la raison toute simple que celles-là surtout ont le loisir de pratiquer ce que je dis.

Certes, les femmes pauvres, qui doivent gagner leur vie à la sueur de leur front, ne sont pas moins précieuses aux yeux de Dieu et aux nôtres que les privilégiées de la fortune ; mais à celles-là les labeurs quotidiens ne laissent guère le temps de cultiver leur intelligence.

Et toutefois, je dois le faire observer, combien parmi elles, que l'état de leur mari n'occupe pas, qui souvent, sans être riches, ont une domestique pour les aider à faire leur ménage, ou qui l'ont promptement fait elles-mêmes, et à qui il reste dans la journée assez de temps, quelquefois plus de temps qu'aux femmes riches et mondaines !

Et combien cela est-il plus vrai encore pour la plupart des femmes de commerce, pour les femmes assises à un comptoir, par exemple, pour les demoiselles de magasin, qui ont certes du temps pour lire, puisqu'elles lisent, et beaucoup : mais que lisent-elles ?

On sait que le goût de la lecture s'introduit aujourd'hui partout, et jusque dans les campagnes, surtout dans les longues soirées d'hiver.

Il y aurait assurément d'importants conseils, une utile direction à adresser à toutes les femmes dont nous venons de parler ; mais enfin, si digne d'intérêt que soit un tel sujet, ce n'est pas le nôtre en ce moment. Peut-être nous en occuperons-nous quelque jour [1].

En ce moment, c'est spécialement aux femmes des classes aisées que nous parlons. Eh bien, une maîtresse de grande maison, une épouse, une mère, peut-elle trouver dans sa journée le temps d'étudier ?

Je réponds sans hésiter ; Oui. Elle y consacrera d'abord les heures que tant d'autres femmes donnent au monde qui dévore leurs nuits, et à la toilette qui dévore leur fortune : toutes choses qui, en les absorbant sans aucun profit, les préparent bien mal à ces grands devoirs de mère et d'épouse dont nous parlions tout à l'heure.

Je viens d'indiquer le troisième grand obstacle sérieux au travail intellectuel, la vie du monde. Et ici j'accuserai, à deux points de

---

[1] Dès ce moment, je dirai toutefois que dans une position même restreinte, il serait bien bon que les femmes tâchent de savoir tout ce qu'elles peuvent savoir dans les professions auxquelles elles ont part. Il faudrait qu'une fille destinée à vivre à la campagne apprît bien tout ce qui intéresse l'agriculture ; on en voit qui labourent, qui battent les blés, font les travaux d'hommes, mais qui savent à peine quand il faut semer ou faucher. Une marchande sait bien écrire, calculer, c'est elle qui tient le comptoir, et pourtant elle est hors d'état de répondre aux questions d'un acheteur qui a besoin, pour se décider, de quelques renseignements sur la matière ou la qualité de matière, ou le genre de travail qu'exige l'objet dont il est question : *Mon mari vous dira cela, quand il viendra,* répondent-elles ; et l'acheteur s'en va ailleurs. C'est qu'en général on n'attache aucun prix, dans notre société, à ce qui peut développer l'intelligence des femmes, à quelque rang qu'elles appartiennent.

vue divers, les maris et les mères, — certains maris, dis-je, et certaines mères.

Ce que je vais dire est étrange, mais cela se voit, et je crois encore qu'aucun observateur sincère ne me contredira sur ce point :

Combien de maris ne rêvent que *le monde, tous les jours, pour leurs femmes*, et leur savent mauvais gré de préférer au monde des soirées mises en réserve *pour lire ensemble*, et s'occuper un peu après le mouvement matériel de la journée! Puis, quelle soif de veilles, qui exténuent leur santé et celle de leurs femmes!

Disons ici en général que presqu'aucun homme du monde ne se donne la peine de *calculer* ce que les forces physiques et les besoins intellectuels de sa femme demanderaient quant au genre de vie à mener. Hélas! il le faut avouer, trop souvent l'homme n'est pas le chef intelligent de la société conjugale, mais une sorte de chef qu'on suit, parce qu'on ne peut pas faire autrement, et qui commande sans avoir donné une demi-heure dans toute sa vie à se rendre compte des devoirs de détail, sans avoir calculé jamais les convenances diverses qui devraient présider à l'organisation de la vie de sa femme.

Il faut avoir la bonne foi de le reconnaître, le manque d'intelligence et de bonté conjugale vient rarement d'*un seul côté*. Disons encore que si la femme exagère la frivolité, le savant, le politique, gardent souvent toute leur amabilité, leurs conversations pour le dehors, et l'ennui reste au dedans.

On le peut dire, généralement l'obstacle à tout, c'est le besoin de courir hors de chez soi, ou d'y être toujours en réception.

Mais voici une autre faiblesse, poussée quelquefois jusqu'à la plus étrange aberration : ce sont des mères qui, ne sachant pas tenir l'exacte mesure sur ce point important et délicat, ni résister en cela à des exigences, poussées, — j'en donnerai un exemple, — non-seulement jusqu'à la folie, mais jusqu'à la cruauté, conduisent leurs filles dans le monde, aux bals, aux soirées prolongées, jusqu'à se fatiguer, s'épuiser elles-mêmes et s'enlever toute force, tout ressort pour faire l'éducation morale de leurs enfants et remplir leurs vrais devoirs!

Et ce qu'il y a de plus étonnant ici, c'est que quelques-unes s'abusent sur ce point d'une si étrange façon, qu'elles s'y croient obligées, et pensent en cela remplir un devoir !

Veut-on savoir quels sont les résultats d'une telle faiblesse? Qu'on médite le dialogue suivant surpris entre deux jeunes filles .

Première jeune fille. — J'ai déjà été à vingt-cinq bals depuis le commencement de la saison.

Deuxième jeune fille. — Alors je ne m'étonne pas que votre mère se plaignait hier d'être si fatiguée, et de n'en pouvoir plus.

Première jeune fille. — Oh !.. mais ma mère se plaint toujours, c'est sa manière.

Deuxième jeune fille. — Oui, c'est le genre des mamans!

O mères ! comprendrez-vous donc enfin?

Voilà donc les obstacles. Mais quels seront les moyens d'arriver au but que nous cherchons? C'est ce que je dois maintenant examiner.

De tout ce que j'ai pu dire dans cet écrit, rien, je l'avoue, n'est plus nécessaire que ce qui me reste à ajouter; et lors même que, comme je l'espère, par les raisons si décisives que j'ai données et les détails si vrais et pris à un tel degré dans l'observation quotidienne et le vif des choses où je suis entré, j'aurais convaincu tout lecteur, toute lectrice sincère, de la thèse que je soutiens sur la nécessité et les avantages du travail intellectuel pour les femmes, en bien ! je n'aurais rien fait encore, si je n'arrivais à persuader ce que je vais dire, et à faire adopter ce que je propose, et que j'appelle : *Le plan de la vie.*

XI

LE PLAN DE LA VIE.

Le PLAN DE LA VIE ! Voici la grande chose, la plus grande de toutes.

Qui saura comprendre ce que ce mot veut dire, et ce que cette grande chose, pratiquée comme elle doit l'être, mettrait dans l'existence ?

Certes, pourtant, la vie est chose sérieuse, et demande à n'être pas livrée au caprice, ni jetée au hasard.

La vie est longue, et dans la succession de ses âges et de ses phases diverses, elle amène bien des devoirs ; et avec les devoirs, de bien hautes responsabilités. La vie est quelquefois rude ; on n'est pas toujours jeune et riant ; viennent bientôt les épreuves, les luttes, les labeurs, les traverses de toute espèce qui sont le vrai fond de la vie. L'amusement et le plaisir n'en sont jamais que la surface brillante et trompeuse.

Que, dans l'inexpérience du premier âge, la vie aille comme à l'aventure, sans calcul, sans aucune prévision, sans aucun plan, cela se conçoit, quoique déplorable.

Mais quand on commence à entrer personnellement dans l'existence et à prendre le plein gouvernement de soi-même ; quand surtout on a allié sa vie à une autre vie, et quand de ces deux existences bénies de Dieu doivent naître d'autres existences, dont on aura aussi, dans une part si redoutable, la direction et la responsabilité, oh ! comme alors la vie s'élève, grandit, à des proportions considérables, et comme aussi l'obligation de la règle, et du plan de la vie, apparaît dans sa sévère et auguste nécessité !

Car enfin, vous êtes jeunes, vous avez l'espace et le temps devant vous, et vous unissez vos deux existences. Eh bien ! qu'en ferez-

vous? vous, mari, pour votre jeune femme? vous, jeune femme,
pour votre mari?

Que ferez-vous de vos enfants?

Ce n'est pas tout : Il y a encore d'autres devoirs.

A côté de la jeune famille que vous fondez, et dont vous serez
les chefs, il y a les deux familles d'où vous venez et où vous
entrez ;

Il y a les relations du monde ;

Il y a les devoirs d'état, la carrière ;

Puis la tenue d'une maison, les soins de la fortune, les dépenses,
combinées avec les revenus ;

Il y a, si vous voulez être quelqu'un et quelque chose, votre vie
privée, vos travaux, vos études particulières ;

Enfin, vous avez une âme, un avenir immortel, une destinée céleste! Il y a, si vous êtes chrétiens, le soin de votre âme, les
grands devoirs envers Dieu!

Il y a aussi la charité, les bonnes œuvres, qui réclament leur
budget.

En un mot, des devoirs, des obligations de toute nature vous sai-
sissent et vous enveloppent.

Eh bien, avez-vous songé à ces choses? Vous êtes-vous posé sur ces
points divers et si graves les questions nécessaires? Avez-vous fait
vos calculs! Avez-vous eu vos prévoyances ! En un mot, avez-vous
songé à faire *le plan de votre vie !*

Il ne se fait pas tout seul.

Et si vous ne l'avez pas fait, si vous entrez dans cette grande campagne de la vie comme un général inepte qui n'aurait aucun plan
arrêté, que voulez-vous qui advienne?

La vie humaine est multiple, et, à vrai dire, il y a en elle trois
vies qui ont, chacune, leurs nécessités, leurs labeurs et leurs devoirs.

Il y a la vie matérielle : c'est la plus infime, mais il faut y songer;
puis, dans une région plus haute, la vie intellectuelle, malheur à
qui la dédaigne; et enfin, s'élevant sur les deux autres et les couron-
nant, la vie spirituelle, car l'homme ne vit pas seulement de pain
dans le temps, il est fait pour l'éternité.

En d'autres termes, il y a la vie du corps, la vie de l'intelligence, et la vie religieuse de l'âme.

Eh bien ! ces trois vies, nul n'a le droit de les séparer, de les scinder ; ce serait rompre l'unité essentielle de l'existence. Tous ont le devoir de les ordonner, dans une sainte et nécessaire harmonie. Eh bien : cela ne se peut sans un plan de vie ; sans les calculs, sans les prévoyances, sans les résolutions d'un plan de vie.

Autrement, on sera bientôt dispersé, entraîné, perdu dans la multiplicité des choses, par le tourbillon mondain, et en fin de compte, annulé, anéanti.

On ne fera rien avec intelligence ; on négligera les choses les plus essentielles ; des lacunes nombreuses, déplorables, se produiront, et sans cesse, dans une telle vie.

Peut-être, et je me place ici dans les suppositions les plus favorables, peut-être, même dans une vie qui s'écoule de la sorte sans plan ni direction, quelques bons et beaux détails apparaîtront. Mais l'ensemble, d'où résulte la vraie beauté ; mais l'unité, mais la grandeur, mais le résultat total et définitif, où seront-ils ?

Une comparaison expliquera ici ma pensée, et fera toucher du doigt le défaut que je signale.

On reproche quelquefois aux architectes de notre temps un défaut qui est tout l'opposé de celui que j'entends faire aux architectes de ma cathédrale.

Ceux qui ont conçu cette cathédrale, sur quel plan magnifique ils l'ont élevée ! quelle ampleur dans les proportions ! quelle beauté dans les grandes lignes ! quelle harmonie dans l'ensemble ! Nos deux tours qui se dressent à l'entrée, de quel jet superbe elles s'élancent ! Quelle grâce dans quelle majesté ! Mais, me disent les juges d'un goût plus sévère, les détails ne sont pas irréprochables. Il y a profusion, surabondance, et quelquefois fautes contre les règles. C'est possible, et j'avoue que là-dessus je laisse volontiers dire en toute liberté les archéologues. Car, si vous reculez de quelques pas, et que vous regardiez l'ensemble, les petits détails s'effacent, et il ne reste plus qu'un monument d'un effet total admirable. Au contraire, certains architectes d'aujourd'hui, dit-on, ne savent pas faire un plan d'ensemble. Ils s'entendent à merveille aux détails, et les distribuent avec beaucoup de grâce et d'art. Mais ils ont beau surcharger et enrichir, le monument est manqué; parce que la conception première fait défaut.

> Infelix operis summa, quia ponere totum
> Nesciet...

Eh bien, voilà l'histoire de bien des existences, le tort, le malheur souvent irréparable de bien des ménages.

C'est d'avance, et dès les premiers jours de leur mariage, que de jeunes époux devraient méditer de concert un plan de vie; plan large et sérieux, embrassant l'ensemble : les devoirs mutuels, la carrière, la position du chef de la famille dans son pays, les enfants, leur avenir, les relations sociales; la vie privée; l'âge mûr ; enfin, la vieillesse et la mort ; l'existence en un mot, dans ses grandes lignes et ses grandes phases : et c'est avec ces grandes lignes que tous leurs actes, tout d'abord et dès le commencement, doivent être mis en accord.

De cette façon seulement un homme se montrera digne de l'autorité et de la dignité qu'il a reçues de Dieu.

De cette façon seulement une femme pourra assurer la bonté et l'unité de sa vie, et éviter les tristes désaccords qui se font, dans une existence abandonnée à l'aventure, entre la jeune femme, et la femme en cheveux blancs. Tandis qu'au contraire, si la vie est bien ordonnée, il peut y avoir un accord merveilleux entres les âges différents que Dieu fait passer sur sa tête, et qu'elle doit successivement traverser, répandant le charme e le bien autour d'elle.

On a même remarqué que, chez les personnes dont la vie s'est ainsi écoulée toujours dans l'ordre et dans la vertu, quand la beauté fugitive de la jeunesse s'envole, il reste je ne sais quelle beauté supérieure et pure, qui vient de la sérénité et de la paix que laissent dans une âme l'heureuse harmonie de la vie, la constante et intelligente fidélité à tous les devoirs.

Alors, comme il arrive à un édifice bien construit, les années passent et pèsent sur l'édifice ; mais loin de le faire fléchir, elles ajoutent à sa solidité et à sa beauté. Et si les coups du temps quelquefois emportent un détail d'ornementation, l'édifice n'est pas ébranlé;

bien que touché par l'orage, la noble et belle harmonie de ses
grandes lignes demeure.

Je ne prétends pas en effet que le plan de la vie, si bien ordonné
qu'il soit, puisse prévoir et maîtriser tous les événements, je dis seulement que cela, et cela seul, peut mettre dans une vie l'unité, l'harmonie, et la vraie beauté, qui est celle de l'ensemble.

Mais qu'arrive-t-il d'ordinaire presque toujours. On entre dans
la vie en aveugle, sans regard vers l'avenir; la jeune fille ne demande que des bijoux, des dentelles et un titre. Elle ne voit que
cela, et ne pense qu'à elle, le jour même où elle consacre sa vie,
sans le savoir, aux devoirs les plus graves, et au dévouement le plus
absolu. Mais quand vient cet autre jour où elle découvre qu'il faut *se
donner* au lieu d'être *une idole*, servir au lieu *d'être servie*, cela est
rude, si elle ne trouve pas dans la valeur de son mari une compensation au sacrifice d'elle-même. Les meilleures réparent le mal tant
qu'elles peuvent, par des mérites acquis plus tard, et qui font l'effet
de ces détails charmants que les architectes de notre temps répan-
dent sur leur œuvre pour réparer autant qu'ils le peuvent le défaut
de la conception première. On les admire de près, un à un, mais
reculez-vous, ils s'effacent, et l'œuvre apparaît avec ses grandes
lignes manquées. Faute irrémédiable !

Il faut donc un plan de vie, afin de ne rien laisser au hasard, à
l'incertitude, dans les grandes lignes de l'existence, dans les
grands détails.

Pour cela il faut une chose bien simple et cependant bien rare :
il faut un bon règlement.

Le plan de vie indique le but à atteindre ; le règlement en donne
les moyens.

Le plan de vie, c'est la conception, l'idéal, la théorie ; le règlement, c'est la pratique quotidienne, incessante.

L'absolue nécessité d'un règlement, je m'y suis étendu ailleurs, je
ne veux ici que signaler deux inappréciables avantages d'un bon
règlement : le premier, c'est d'apprendre cette grande science, que
j'appellerais volontiers le secret de la vie, c'est-à-dire, le *secret des
conciliations*. En effet, les devoirs, les affections, les goûts ne sem-
blent-ils pas souvent se contredire?

Pour moi, j'en ai été souvent témoin, des habitudes d'ordre, d'activité, une simplicité qui supprime bien des exigences inutiles, en multipliant le temps d'une femme laborieuse, lui donnent la possibilité de suffire à tout.

C'est la science de la femme que de se donner et en même temps de se réserver · science qui se compose de douceur et d'activité, de dévouement et de fermeté, et dont le premier résultat est de retrancher dans la vie bien des indolences inutiles, et de restreindre convenablement ce qu'on donne au monde en dehors du nécessaire.

Il faut, je le sais, beaucoup de fermeté, de douceur et de persévérance pour conquérir sa liberté, faire respecter ses heures de travail, sans manquer à aucun devoir; en un mot se donner et se réserver à propos. C'est une question de règlement de mesure, comme la plupart des questions de conduite. Pour avoir le courage de cette lutte, il est nécessaire que les femmes soient bien convaincues de sa légitimité. Mais elles craignent trop de ne satisfaire qu'un goût, quand il y a pour elles un devoir à ne pas laisser sans culture les facultés de leur esprit : un devoir et une douceur.

L'étude fait aimer aux femmes leur chez elles, où les ramène toujours l'attrait d'un travail commencé. Comme on a peu besoin alors des visites et du monde! Quelle joie de rentrer dans sa chambre, de retrouver ses livres ou son dessin! Comme on marche vite et d'un pas léger, pour regagner sa demeure! Et comme le goût de l'étude occupe dans un cœur et dans une vie toute la place que prend d'ordinaire le goût effréné, ruineux, de la toilette et du luxe !

Une autre grande science que révélera un bon règlement, c'est ce que je nommerai la *science des moments perdus*. Expliquons-nous.

Le grand point, disons-nous, c'est d'avoir un bon règlement. Toutefois, là encore, comme toujours dans les choses humaines, il y a des tempéraments à observer. Je reconnais sans peine que, quelquefois, bien qu'ici l'illusion soit facile et le prétexte commode pour couvrir la mollesse, certaines femmes, malgré leur bon vouloir, ne pourront avoir un règlement détaillé, ou bien elles seront souvent forcées d'y manquer en certains détails.

On se lèvera[1], mais la santé fera défaut, mais le mari viendra causer affaires, projets, n'importe quoi ; les ouvrières, les enfants petits ou grands envahiront la chambre : une mère de famille n'a pas d'heure pour s'enfermer et empêcher qu'on arrive à elle.

Que de femmes, de jeunes filles même, dont la vie s'écoule sous l'oppression de ces habitudes véritablement tyranniques !

Il est d'autant plus difficile de s'y soustraire, qu'on vous les impose au nom du dévouement et des vertus de famille.

Si l'on dit à ces jeunes filles, « écrasées, aplaties, selon l'expression de M. de Maistre, par l'énorme poids du rien » : « Faites-vous une vie personnelle, mettez-vous à l'écart quelques instants ; » elles vous répondent : « Mais je ne le peux pas, mais je n'ai pas une minute d'assurée. Si je quitte le salon, on envahit ma chambre, on a un mot à me dire, on reste un quart d'heure debout, puis on s'assied ; une autre personne arrive et le temps se dévore ainsi ; et malgré tous les efforts de patience, je ne puis assez dissimuler ma contrariété pour ne pas être traitée de caractère roide et de *femme affairée* ; » terme corrélatif de bas-bleu.

Eh bien, dirai-je, à défaut d'heures régulières, s'il est vrai qu'elle n'en puisse trouver, qu'une femme consacre à l'étude les instants perdus ; il en est toujours dans les vies les mieux employées. On a du moins, presque tous les jours, des moments libres à plusieurs reprises de la journée ; il faut qu'une femme placée dans de telles conditions s'habitue à travailler à bâtons rompus.

Quand on sait mettre à profit les moindres parcelles du temps, on arrive à faire des prodiges.

---

[1] Que ceux qui aiment dormir plus qu'il ne faut et n'osent pas s'accoutumer à l'effort facile qui fait que le lever coûte si peu, me permettent de placer ici sous leurs yeux ces beaux vers de Dante.

Dante venait de s'asseoir, n'en pouvant plus, et Virgile ranime son courage défaillant par cette vigoureuse exhortation :

« Il faut sur-le-champ te lever ; ce n'est pas le moyen d'aller à la gloire que de se dorloter sur la plume et sous les couvertures.

« La gloire, celui qui ne consumera pas sa vie à la poursuivre, ne laissera pas plus de trace sur la terre que la fumée dans l'air ou l'écume dans l'eau.

« Donc, lève-toi, triomphe de tes défaillances avec ce courage qui remporte toute victoire, s'il ne se laisse pas alanguir par la pesanteur du corps. »

(Dante. *l'Enfer*, chant xxiv.)

Le chancelier d'Aguesseau disait : « Voici les volumes que j'ai
« composés pendant les cinq minutes dont, tous les jours, depuis
« vingt ans, madame d'Aguesseau est en retard pour le dîner. »
Toujours est-il qu'il y a une différence immense entre la femme
qui lit même peu, et celle qui ne lit pas du tout.

D'ailleurs, le désir de se réserver quelques instants pour l'étude
n'aurait-il d'autres avantages que de donner à une femme la *science
des moments perdus*, le résultat serait déjà très-grand. *La science des
moments perdus !* cette science qui ne s'apprend pas dans les livres,
mais qui multiplie et féconde le temps et donne des habitudes
d'ordre, d'attention et de précision, qui réagissent de la vie extérieure sur la vie morale. Les femmes les plus gaies, les plus égales
d'humeur, les plus serviables et j'ajouterai les mieux portantes, sont
les femmes intelligentes et laborieuses, qui ont trouvé dans une activité bien ordonnée le secret de ne pas perdre un moment et de
concilier ainsi leurs devoirs envers Dieu, envers leur famille, envers
le monde et envers elles-mêmes.

Voilà ce qu'on peut répondre aux femmes qui vous diront : «Mais
ma vie est remplie, je n'ai pas de temps, et moins encore d'ennui :
mes occupations ne me pèsent nullement, et elles me suffisent ; »
et qui s'enfoncent trop dans la vie matérielle, au nom de la raison
et du devoir. J'oserai leur dire : Laissez-vous prendre, s'il le faut,
un peu plus de sucre et un peu moins de temps.

J'ai assez parlé ailleurs des détails du règlement ; je n'y reviens
pas ici. J'insiste simplement sur sa nécessité et ses avantages, et j'indique seulement ce qui l'empêche ou l'annule.

Mais, il y a un point sur lequel je ne puis me dispenser d'appeler
encore la plus grave attention des personnes qui, prenant au sérieux
les conseils que j'offre ici, voudraient en faire leur profit; point
capital dans un règlement, parce que de là dépend tout le reste ;
c'est le *lever* et le *coucher*.

Impossible à une femme, — et aussi à un homme, — de rien faire
de sérieux, si elle va *chaque jour dans le monde*, se couche tard, et se
lève tard ; ce qui tue la vie intellectuelle, c'est trop de temps donné
au monde le soir, et aux visites faites ou reçues le matin.

Et ce qu'il y a assurément dans un règlement de plus désirable pour le travail intellectuel, c'est de pouvoir y consacrer *les heures du matin*.

Ici, je puis citer un grand exemple; celui de cette femme illustre, madame Swetchine; je lis dans sa vie :

« Madame Swetchine m'avait fort exhortée à me réserver en tout
« temps quelques heures d'entière liberté chaque matin. La qualité
« du temps, me dit-elle, est autre à cette heure-là. Et ce n'était pas
« seulement pour consacrer à Dieu les premières heures de la jour-
« née qu'elle la commençait de si bonne heure, mais aussi pour avoir
« toujours un temps considérable à donner à l'étude. Elle me dit ce
« jour-là que le plaisir qu'elle y prenait n'avait fait qu'augmenter
« avec les années. C'est au point, me dit-elle, que, lorsque je m'ap-
« proche de cette table pour y reprendre mon cher travail, le cœur
« me bat de joie. »

J'ajouterai encore avec madame Swetchine le conseil suivant : «Exa-
« miner, classer et résoudre dès la veille, la besogne du lendemain;
« disposer les choses dans l'ordre de leur importance, et agir en con-
« séquence. Voilà qui apprend vite le secret de trouver du temps
« pour l'étude et pour tout. »

Voilà comment, nonobstant les complications de l'existence, la multiplicité et la gravité des devoirs de la vie, on peut suffire à tout, mettre chaque chose à sa place, donner satisfaction à tout le monde, et se faire une de ces existences remplies, fécondes, honorables, belles aux yeux de Dieu et des hommes, et d'une beauté qui peut facilement devenir la sainteté.

C'est ainsi que la vie tout entière s'ordonne et s'harmonise. Les soins nécessaires et multiples de la vie matérielle ne sont pas négligés, et néanmoins n'entravent pas les besoins plus élevés et plus délicats de la vie intellectuelle, et l'âme enfin conserve toute sa liberté et toutes ses forces pour les devoirs supérieurs de la vie chrétienne. Ainsi s'accomplit le vœu de la Providence.

Et dans cette harmonieuse unité et fécondité de la vie, il est facile maintenant d'embrasser d'un coup d'œil la grande part qui revient au travail intellectuel. Tandis que la vie matérielle envahit, étouffe, éteint la vie spirituelle et la vie intellectuelle, au contraire, les arts et les lettres élèvent les cœurs, dégoûtent des plaisirs grossiers, et spiritualisent la vie ; ils donnent un aliment à l'activité de l'esprit, qui, chez les femmes surtout, tourne vite vers les plaisirs vides et dangereux, quand la frivolité s'en empare. Ces grandes et belles choses, si dignes de l'esprit humain, éloignent peu à peu des jouissances matérielles, ennoblissent l'âme et la conduisent sur des sommets qui la rapprochent du ciel.

La culture des lettres et des arts, et telle est la conclusion de tout ce travail, occuperait donc utilement l'imagination et les loisirs des femmes, et leur créerait, ou plutôt leur ferait trouver, leur révélerait en elles-mêmes, des ressources admirables, pour leur bonheur, leur vertu, et toute leur existence :

Soit dans la société, où leur influence peut tout élever et peut tout abaisser, idées, occupations, intérêts, sentiments ;

Soit dans la famille, où leur instruction et leurs talents, tout en y apportant un grand charme, les rendrait plus aptes à diriger leurs enfants et à exercer sur leurs maris une salutaire influence.

La vie intellectuelle et la vie spirituelle seraient par là unies sous la bénédiction de Dieu, et on parviendrait ainsi à créer, dans les diverses classes de la société, des femmes chrétiennes et intelligentes, élevées au-dessus de la frivolité, capables de soutenir et d'inspirer toutes les nobles idées, tous les efforts utiles, toutes les vies fécondes ; des femmes qui, dans la famille et dans le monde, seraient plus éclairées, plus actives, plus fortes, plus influentes, plus respectées.

Et ainsi se perpétueraient, se multiplieraient parmi nous ces familles, hélas ! de plus en plus rares, — mais on a la consolation d'en rencontrer encore de temps en temps quelques-unes, — et j'en connais pour ma part de cette sorte ; j'y abrite même quelquefois, en de trop courts moments, avec une joie pleine de respect, et j'oserais dire que j'y retrempe ma vie fatiguée ; — familles que j'appellerai patriarcales, où règnent, dans l'ordre le plus parfait, le devoir et Dieu ; le travail et la vertu ; la paix dans l'activité, la joie et la dignité. Chacun a sa tâche, qu'il remplit avec ardeur et avec bonheur, et chacun, les filles comme les fils, sa valeur personnelle acquise par son travail : on se sent là en face d'hommes et de femmes d'une réelle et rare distinction. Le père et la mère de famille y président, dans l'honneur de leur belle vie, entourés de l'estime et de l'affection de tous ces enfants devenus à leur tour chefs de famille, et donnant eux-mêmes à leurs petits enfants les exemples qu'ils ont reçus d'un admirable père et d'une sainte mère ; et, comme le dit l'Écriture, « ceux qui ont « reçu d'eux la vie laissent après eux un nom respecté, qui raconte « leur gloire et fait leur éternel honneur ; *Et qui de illis nati sunt.* « *reliquerunt nomen narrandi laudes eorum*[1]. »

[1] *Eccli.* XLIV, 8.

PARIS. — IMPRIMERIE SIMON RAÇON ET COMP., RUE D'ERFURTH. 1.